JN408986

수필과 박공예의

속.삭.임.

월계 윤기중
수필집

수필과 박공예의
속.삭.임.

도서출판 천우

운동회가 되면 집에 남아 우울했으나 궁금하기도 했고, 소풍 가는 날에는 땅바닥에 낙서하며 소풍이 원망스럽기도 했는데. 검정 고무신은 한쪽 발에 작으니 새끼줄로 동여매고 다니던 창피함, 초등학교 1학년까지 따뜻한 누님 등에 업혀 다니지 않았다면. 가족들의 사랑의 보살핌, 일가친척들의 도움이 없었다면 이제껏 70년을 걸어올 수 있었을까?

고난의 추억들이 아름답다고들 하지만 왠지 지우고만 싶은 것은 왜일까?

한약업사라는 평범한 직업을 통하여 많은 것을 얻었고 배우고 익히며 작게나마 나누기도 했습니다.

불가능한 것이 가능으로. 놀라게도 했으며 침과 뜸, 즉 침구학은 동양의학의 유물이 아니라 땅속에 숨겨진 미래의학의 보석임은 지울 수가 없었습니다.

누구나 간직하고 있는 어머니의 사랑의 풍정들은 수정과도 같이 심장 가장자리에 굳게 자리하고 있습니다.

특히 초등학교 시절, 담임선생님과의 사랑의 인연의 끈은 평생동안 가는 곳곳 길목마다 동행하며 사랑의 무한함과 광대함, 무엇이 진정한 사랑인가를 가르쳐 준 또 하나의 사랑의 스승으로 영원히 남아있는데.

오늘날 학생인권과 교권으로 일어나는 사회적 물의에 고개를 갸우뚱하기도 합니다.

취미 생활로 30여 년 동안 속삭여 온 박공예는 삶의 지혜와 흘러간 풍정들, 뜨거운 사랑과 아름다운 헌신, 희생, 봉사도 담고 있으며 애국, 애족과 애환의 흔적들을 보고 배워왔습니다.

특별한 사연도, 글을 쓰는 재주도 없는데 혹 자랑으로 비춰지면 어찌 하나 몹시 망설이기도 하였습니다.

마음을 조이시며 어머니같이 지켜보신 반인자 선생님!

용기를 심어주신 월간『문학세계』김천우 대표님.

친구로서 격려를 아끼지 아니하신 정종식 박사님.

제본하기까지 도와주신 박민아 선생님과

평생 삶의 길목에서 함께 손을 잡아주신 모든 분들께.

존경과 감사를 담아 건강하시기를 기원 드립니다. 고맙습니다.

2024.

월계 **윤기중**

진심을 담아 축하하며

丁鐘植(敎育學 博士)

몇 개월 전 어머님께서 소천하셨는데 몸이 불편할 것을 생각하여 부음을 뒤늦게 전하였더니 "자네는 내가 장거리 운전과 엎드려 참배하는 것도 어려울까 봐 내게 연락도 안 했던가?" 서운함을 말하며 弔詞를 전송해 와 조사가 어머님과 얽힌 사연이라 눈물 나게 했는데….

친구는 50여 년 동안 한약업사로 인술을 펴오면서 얻은 지혜와 경륜 사회활동의 생생한 체험을 담아 문단에 등단하고 수필집을 발간하게 되어 너무나도 기쁘며 축하하고 깜짝 놀라기도 했습니다.

어느 작가는 "당신의 삶을 기록하면 그것이 작품이 된다."라고 했듯이 몸소 실천한 친구가 자랑스럽기도 합니다.

친구와의 인연 여정은 50여 년 전 교직 생활 중 운동을 하다가 허리를 삐끗했는데 여러 날 고생하던 중 어머님께서 고흥 죽시에 약도 잘 짓고 침도 잘 놓는 젊은 약국이 있다는 말씀에 상담을 하고 금사침이라는 시술을 받고 지금까지 불편 없이 지내온 것이 인연의 끈이 되었습니다.

친구는 평소에도 붓을 쥐고 서예를 즐겨했고 조각도를 들고 바가지에 공예하기를 쉬지 않았는데 농담으로 "자네 직업은 한약업사인가? 서예가인가? 공예가인가? 무엇이 본업인가?"라고 했는데 이제 수필가로 하나 더 추가되었으니 참 재주 많은 멋진 친구라고 생각해 왔습니다.

자신이 장애인이기에 10여 개 장애인 단체에 몸을 담고 열성을 쏟는 것을 보면서 장애인을 위한 사업이나 행사는 장애인이 하는 것이 효과적이겠구나 라는 생각을 친구를 보고 느껴왔습니다.

내가 알고 있는 또 하나의 사실은 친구의 고향 충남 보령시 시골에 있는 초등학교 시절 담임선생님과 사제지간의 사랑의 스토리는 요즘 교육현장과는 큰 거리가 있으나 선생님의 따뜻하신 배려와 사랑이 친구의 마음속에 희망과 용기를 심어 주었고 성장하면서 더욱 친숙하고 진한 사랑으로 승화되어 온 사연들은 우리 모두에게 귀감이 되기에 충분하다고 생각해 왔습니다.

친구는 육체적으로는 불편했을지라도 정신적으로는 선각자로 米壽를 바라보는 황혼기에 건전한 모습으로 삶 속의 체험과 느낌을 삶 따라 손길 따라 주옥같이 옮겨놓은 친구의 노력에 큰 박수를 보내며 축하를 담아 드립니다.

월계, 자네는 멋쟁이다
그리고 대단하다
그 이름 영원하리라

축하의 글

무궁무진한 행보에
뜨거운 박수갈채를 보내며

김 천 우 (문학평론가 · (사)세계문인협회이사장)

윤기중 수필가님은 오랜 세월 동안 낭만과 서정이 수려한 도시 순천만 고을에서 인생의 절반 이상을 한약업사로 살아오신 청빈하고 영혼이 향기로운 분이다. 인술을 바탕으로 심의, 약의로 주어진 직분을 충직한 사명으로 받아들이면서 틈틈이 예능의 탁월한 끼를 발휘하셨다. 우리 한민족의 애환이 담겨 있는 박공예와 서예, 토속적이고 담백한 그림으로 삶의 친화력과 공감대를 펼치면서 문화예술 창달에 전심전력을 다하여 오던 중, 종합문예지 월간『문학세계』수필가로 탁월한 작품성을 인정받아 등단 입문까지 공식등록이 되었다. 그동안 한 생을 풍미하신 수필과 박공예를 한데 모아 솔직하고 진솔한 내용과 자신의 삶 속 이야기를 대변하는 첫 작품집을 초로의 연륜을 담보로 삼아 드디어 세상 밖에 내놓게 된 것이다.

"수필과 박공예의 속삭임"이 얼마나 순박하면서도 아름다운 만남인가? 예로부터 열 재주가 많으면 조석으로 육신이 고달프다고 하지만, 그의 작품집에는 월계 윤기중 작가님의 거룩한 인생여정이 고스란히 묻어나 있다. 박공예를 조각하면서 유년 시절 어머니를 떠올리며 사랑과 영혼을 불살랐던 추억들, 현재도 윤기중 작가님의 재산 목록 중에서 중요한 부분을 차지하는 바가지 "두짝"은 보물처럼 간직하고 있다고 했다. 그만큼 윤기중 작가님의 섬세하고 감성적인 인생철학은 그 누구도 흉내 낼 수 없는 국보급이라고 해도 과언이 아니다.

그리고 봉사의 달인이라고 칭할 정도로 인심이 후하고 자애롭고 사랑이 많은 사람도 지극히 드물다고 생각한다. 윤기중 작가님은 풍요롭고 화기애애한 가족애(家族愛)와 투철하고 올곧은 가치관(價値觀)을 바탕으로 한민족의 얼을 이어받은 선비정신의 구도자가 아닐까? 이 작품집을 준비하면서 일생 묵묵히 걸어온 장엄하고 담담한 발자취가 영화의 한 장면처럼 클로즈업되고 있다.

새삼 상기되는 글귀, 인생지사 새옹지마(人生之事 塞翁之馬) 진인사대천명(盡人事待天命) 일체유심조(一切唯心造)가 모두 함축된 월계 윤기중 작가님의 훌륭한 작품세계의 모든 것은 오직 마음 안에 있으며 가슴으로 빚어낸다는 어원처럼 하늘처럼 푸르고 바다처럼 운기가 깊고, 청산처럼 기개가 높다. 독자들은 지상에서 가장 소중한 업적을 이 한 권의 작품집을 통하여 담담하게 만날 수 있을 것이다. 다시 한 번 출간을 진심으로 축하하며 많은 분께 자긍심을 심어줄 수 있는 만능 엔터테이너(entertainer)로서 기쁨과 즐거움을 공유하는 만능문화예술인 월계 윤기중 작가님의 무궁무진한 행보에 뜨거운 박수갈채를 보내는 바이다.

윤기중 선생님의 남다른 삶

아람 반 인 자 (아동문학가)

가난에 가난을 덧칠하는 6.25 김일성 침략 전쟁. 그것은 그때의 우리를 더욱 가난에 허덕이게 했습니다. 지구에서 없어져야 할 단어가 있다면 침략, 전쟁. 이런 말은 말끔히 지우개로 빡빡 깨끗이 지워져야 합니다. 자연의 파괴도 서슴지 않고, 생명도 무참히 뭉개버립니다. 지금은 풀 한 포기, 나무 한 그루 환경을 소중히 여겨야 할 때입니다.

신체마저 불편하게 가혹한 시련을 주신 윤기중 선생님. 하늘을 원망할 틈도 없이, 그 시간조차 자신을 달구기에 박차를 가합니다.

하늘이 도우셨는지 초등학교 때, 담임선생님의 남다른 제자의 사랑. 사제지간을 넘어서 부모로서 사랑을 듬뿍 받습니다.

고얀 놈의 세월을 한 고비 또 한 고비, 힘겹게 헐떡이며 넘으면서 오로지 자신만을 배양하기에 힘씁니다.

더 없이 낮은 자리에서 많이 담금질을 합니다. 더 없이 높은 자리가 있다는 것은 까맣게 모르고…… .

아픔이 나와 함께 걸었을 때

쾌락과 함께 먼 길을 걸었어.
그녀, 쉴 새 없이 계속 중얼거렸지
하지만 그 모든 말에서
한 조각의 지혜도 얻지 못 했네.

아픔과 나와 함께 먼 길을 걸었어.
그녀, 한 마디의 말도 하지 않았지
하지만 얼마나 소중한 것들을 배웠던가?
아픔이 나와 함께 걸었을 때.

— 로버트 브라우닝 해밀턴 시

이 시가 바로 불편한 다리를 절뚝거리며 걸어온 지난 애달픈 삶. 바로 윤기중 선생님, 진면목의 길이지 싶습니다. 이 글이 그 아픔과 고통을 승화시키는 계기가 조금이라도 되었으면 바랍니다.

1
이 땅 모든 어머니들의 사랑

2
한의학이 내게 가르쳐 준 것

CONTENTS

3
제자 사랑, 아들 사랑

4
박공예와 함께, 나눔과 봉사의 삶

1

이 땅 모든
어머니들의 사랑

어머니 등에 사랑의 혹

4학년 여름 방학이다.

유난히도 무더운 삼복더위가 기승을 부리던 오후.

들에서 일하시고 들어오신 어머니께서 아~휴 덥다 하시며

"기중아, 이리 와 등물 좀 쳐주라."

우물물을 떠서 등물을 치려는데 어머니 오른쪽 어깨뼈 밑이다. 아기 주먹보다 큰 흉터가 혹처럼 있었다.

"어머니 등에 왜 이런 게 있어?"

나는 아무 생각 없이 불쑥 물어보았다.

"너는 알 거 없으니 빨리 등물이나 치라."

통명스레 대꾸하는 어머니 말에 더욱 궁금했다.

일주일이 지났을까? 할머니께서는 아실 것이라는 생각이 들었다.

어머니 등에 있는 흉터를 여쭈어 보았더니 한참을 망설이신다.

“네가 네 살 때다. 요즘처럼 무더운 여름철. 너를 등에 업고 치료하려 다니다가 땀띠가 났던 모양이더라. 땀띠쯤은 대수롭게 생각했지. 네 치료를 위하여 먼 길을 오고 가다보니 땀띠가 큰 종기로 변했다. 연일 고열이 나고 헛소리를 하며 큰 고생을 치렀다. 그것이 저렇게 큰 흉터를 남기게 되었다.”

1950년대 초에는 종기가 나면 고약 정도나 붙였다. 화농이 되면 침으로 구멍을 내 짜내는 것이 치료 방법. 항생제나 소염제도 귀해서 쓰지 못하던 어려운 시절.

땀띠가 심하게 난 상태다. 4살짜리를 등에 업고 적어야 3~4㎞, 많게는 4~5시간을 걸어서 들길, 산길 마다하고 다녔다. 땀띠도 화가 났는지 큰 종기로 돌변하는 것은 너무나 당연했다.

어머니께서는 얼마나 따끔거리고 쓰리고 아프셨을까?

고통의 흔적이 마음에 자리 잡아 지울 수가 없다.

나는 1947년 윤 2월 초이레. 셋째로 태어났다.

우량아로 태어났는지 모든 식구들이 장군이 태어났다고 하였다.

첫돌을 지나고 두 돌 된 초여름. 보슬비가 내리는데 마당에서 한참을 물놀이 하고 놀던 아이. 갑자기 열이 불덩이 같았다. 또한 헛소리를 하며 몸에 경련이 일어났다. 손과 발에 힘도 없고 의식도 없었다.

집안에 있는 변변찮은 해열제를 먹여 보았으나 허사였다.

고열과 증세는 호전되지 않았다.

70이 넘어서야 순천에 오신 어머니를 모시고
상사댐에서 찍은 풍경

어머니를 따라 일곱살 때 어느 한약방을 찾아갔던 기억을 살려
박공예에 담아보았다. 그때 선생님은 참 다정하신 것으로 기억하고 있다.

오양심 시인의 「내개」. '어머니는 나를 내개라고 불렀다'로 시작된 내개라는 시는
어머니가 세상을 뜨신 후에야 내개가 얼마나 이쁜 이름인지를 알게 되었다.
시를 볼 때마다 어머니의 품정을 떠올리게 하였다.

지금 같으면 119를 불러 응급실로 갔겠지만, 그 당시에는 꿈도 꿀 수 없는 처지.

결국 소아마비로 전신 마비가 되었다.

집안이 발칵 뒤집혔다. 장군감이라고 하던 아이. 하룻밤 사이에 걷지도 일어서지도 말도 하지 못하는 식물같이 되었다. 얼마나 상처와 걱정이 크셨을까?

지금은 소아마비는 예방접종만 하면 된다. 그 당시로서는 속수무책이다. 이 병에 걸리면 죽지 않으면 불구자. 즉 장애인이 되는 길밖에 없던 무척 서글픈 시절.

완치란 거의 불가능 상태. 부모님과 온 가족들은 치료하여 완치를 보겠다는 일념으로 산 넘고, 물 건너 방방곡곡에 명의라는 명의는 다 찾아 다녔다.

그 시절에는 현대의학에 의존하기보다는 '용한 점쟁이, 용한 침쟁이'를 더 선호하였다. 그러다 보니 얼마 되지 않는 가산은 탕진되고 빚까지 떠안게 되었다.

나의 증세는 호전의 기미를 보이지 않았다. 부모님과 가족, 특히 어머니의 마음은 어떠했을까? 효과 없는 치료에 지칠 때도 되었다. 하지만 어머니만은 고칠 수 있다는 확신인지 고쳐야 한다는 일념인지 모른다.

6살인가 보다. 어머니 등 두드리며, 울고불고 침 맞기 싫다고 강하게 항의한 것이 어렴풋이 떠오른다.

식구들과 친척, 특히 어머니의 정성에 하늘도 가엽게 보았던지 조금씩 회복되기 시작. 손과 발에 힘이 돋아나고 서툴게나마 막

대기를 잡고 걸을 수 있었다. 분명 기적이다.

8살 때 초등학교에 입학했다. 누님의 도움으로 3㎞가 넘는 학교 길, 등에 업히기도 힘들게나마 학교를 다녔다.

육상선수가 아닌데 달음질 좀 못하면 어떠리.
빨리 걸을 수 없으면 좀 천천히 걸으면 되지.
친구들과의 놀이는 구경하는 것으로 만족하자.
오른손으로 글씨를 쓸 수 있다는 것도 얼마나 감사한데.
불편은 불편대로 힘든 것은 힘든 대로 헤쳐가면 되지.
생활의 불편은 불편일 뿐, 원망의 대상은 아니다.
장애는 극복의 대상이지, 비굴의 조건은 아니지 않는가?

사실 신체적 장애는 걸림돌이 많다.

작은 계단일지라도 무섭고 두려운 존재가 된다. 지체장애인에게는 계단이 에너지 소모의 원인이 된다.

모두가 기다리는 운동회가 되면 학교에 가기가 싫고, 유난히도 우울한 하루.

즐거운 소풍날이 되면 등교도 못 하고 집안에 처박혀 있어야 한다.

한 발은 크고 한 발은 작으니 운동화든 신발이든 고무줄로 동여매야하는 번거로움. 비가 오는 날에는 한 손에 책가방. 한 손에 지팡이를 잡으면, 우산이 있어도 비를 맞을 수밖에 없는 비참함.

어둠이 드리운 밤길에는 양 발의 중심을 못 잡아 허둥거리는 불안감.

체육시간이 되면 혼자서 교실을 지켜야 하는 참담함.

지각을 하면 선생님께서 용서해 주셨지만, 어린 자존심은 구겨진 듯했다.

청소를 시키지 않으신 이상현 선생님께 고맙다는 말도 못한 바보 멍청이.

한 발로 두 다리의 역할을 하다 보니 건강한 다리마저 빠르게 훼손되는 아픔.

30m만 걸어가도 힘이 떨어져 작은 돌멩이에 채여도 넘어지는 고통, 넘어져서 상처가 두려운 것이 아니라, 남의 눈에 띄면 어쩌나 하는 어린 마음의 자존심.

이 땅에는 나보다 더 불편한 사람들이 얼마나 많은가. 그들과 비교한다면 나는 행복한 편 아닌가!

이 모두가 온 식구, 이웃 친척들 특히 어머니의 넘치는 사랑. 식을 줄 모르는 희생, 끈질긴 헌신의 결과가 아닌가?

어머니는 하늘나라에 계셔도 그 큰 혹 상처와 함께 하실 것이다. 얼마나 불편하실까? 천국 생활에 불편이 되지 않기를 손 모아 기도해 봅니다.

산고들 약 주세요

1969. 푸르름이 짙게 드리우는 가정의 달 5월.

오전 11시경. 70에 가까운 할머니 한 분이 허겁지겁 약방을 찾았다. 얼마나 급하게 오셨는지 호흡을 힘겹게 몰아쉬신다.

"산고들 약 좀 빨리 지어 주세요. 산고들 약."

나로서는 처음 듣는 생소한 말. 무슨 증세의 약을 지어 주라고 하시는지 전혀 알 수 가 없었다. 내가 약간 어리둥절하니까 할머니는 재촉하듯 "빨리 좀 지어 줘요?"

다그친다. 나는 도저히 산고들 약을 이해할 수가 없었다. 이제 개업한 지 1년도 되지 않았다. 손님 한 분이 귀할 때이며 작은 일 하나라도 성심을 다 하고자 하였다. 할머니가 말하는 산고들 약은 정말 알 수가 없었다. 내심 당황이 되었으나 할머니 앞에서 당황할 수도 없고 태연한 듯.

"할머니 배가 많이 아프다고 하던가요?"

"어제 밤부터 조금씩 아프다고 하길래, 새벽이나 아침에는 순산할 줄 알았는데 첫애라 그런지 복통이 아주 심하네요. 빨리 좀 지어 주세요."

재촉은 거듭된다. 할머니 말씀 중에 순간 첫애라는 말에 아~ 분만이구나. 약봉지를 펴놓고 불수산(佛手散) 3첩을 지어 드렸다. 후~휴 홍역을 겪었네. 허탈하기도 하고 세상에 산고들 약을 몰라 이렇게 당황할 줄은 꿈에도 생각 못했다. 지방마다 각기 사투리가 있고 표현이 다르다고는 하나 산고들 약이 개업 초부터 나를 당황케 할 줄이야.

내 고향 충청도에서는 "해산한다", "출산한다", 순산한다"이런 말은 들어 기억하고 있으나 산고들 약은 처음 듣는 말.

1960년대의 대도시에서는 산부인과나 병원을 이용하여 분만하였다. 시골이나 농 · 어촌에서는 거의 가정 분만이다. 동네마다 경험 많으신 할머니들이 산파 역할을 담당할 때다. 분만 과정이 아무리 불리한 조건이라 할지라도 제왕절개는 찾아보기 힘들다. 태아가 거꾸로 나오려고 하면, 산파 할머니는 다시 태아를 자궁 안으로 밀어 넣었다. 정상 위치로 순산하도록 했으니, 출산의 고통은 거의 생명을 담보로 할 테다. 이런 고통을 겪으면서도 한 가정에 3~4명, 많게는 8~9명의 자녀들을 낳았다. 어머니들의 수고와 고통이 얼마나 심했을까? 가히 짐작이 간다.

할머니는 보통 쓰는 말로 산고들 약이였지만 다시 생각해 보니 산고들 약이라는 말은 가장 적합한 표현의 말임을 깨닫게 되었다. '낳을 산 자(産)'에 '쓸 고 자(苦)'로 낳는 고통이라는 뜻이다. 얼마나 알맞은 말인가. 산고라는 말 속에는 어머니들에게만 쓸 수 있는 말로 그 말 속에는 희생과 헌신이 오롯이 담겨있다. 영원히 변하지 않는 사랑. 우리들을 낳아주신 이 땅에 어머니들. 산고의 고통을 겪어오셨다. 산실에 들어가면서 벗어놓은 신발을 바라보며 내가 무사히 순산하고 다시 이 신발을 다시 신을 수 있을까? 생각하셨을 것이다.

60~70년대에는 순산하는 과정에서 산모들이 목숨을 잃는 사례가 많았다. 우리 어머니들께서는 임신한 날로부터 무사히 순산할 때까지 힘겹게 싸워 오신 투쟁이셨다. 임신 후 첫 관문이라 할 수 있는 입덧(임신 오조증)으로 인하여 식성이 바뀐다. 밥 냄새를 맡으면 구역질이 나고 이해할 수 없는 것이 먹고 싶다. 한겨울에 난데없이 아이스크림이 먹고 싶고 어제까지 잘 먹었던 음식을 오늘은 쳐다보기도 싫다. 철이 아닌 홍시가 먹고 싶다든가. 식구들과 마주 앉은 밥상에서 구역질을 해 핀잔 듣기. 상식 밖의 현상과 증세들로 어머니들을 고통스럽게 했다. 그러나 한방의학적으로 볼 때, 입덧은 가장 아름다운 표현이며 기쁜 신호라고 볼 수 있다.

나는 입덧을 도로 교통법상으로 말하면 횡단보도라고 정의한다. 모든 차량은 일단정지 하라는 신호. 또 옛 어르신들은 입덧을 벼슬한다고 하셨다. 반상의 구분이 엄격할 때, 상에 속한 사람이 벼슬길에 오른다는 것은 하늘에 별 따기와 같다. 그 어려운 벼슬을 한다는 표현이 가장 맞는 말이다. 임신이란 건강한 정자와 난자가 만나 수정란을 만든 것이다. 자궁이라는 옥토에 뿌리(태)를 막고

산고의 고통은 어머니들만의 고통이며,
사랑과 헌신, 희생의 본체였다.
어머니의 고통은 최고의 애국이다.

착상하게 되면 임신이다. 귀중한 새 생명이 잉태되어 임신 18일부터 55일 사이에 인체에서 가장 귀중한 뇌가 만들어지는 주간이다. 혹, 해로운 음식이 몸 안에 들어와 태아에게 위해가 되지 않을까 철저한 검증이 바로 입덧이라는 것. 여성이 임신을 하게 되면 신경이 극도로 예민해지며 곱던 얼굴에 기미가 생긴다. 이 또한 짜증을 부리거나 얼굴에 핀 기미로 남의 관심과 시선에서 벗어나 자신의 몸에 잉태된 태아를 안전하게 보호하고자 하는 것.

입덧은 새로운 생명체를 보호하기 위한 보호체제로 바꾸어진 신체적 변화현상이다. 임신하게 되면 두 배의 영양이 필요하다. 입덧으로 인하여 영양이 제대로 공급되지 아니하여 임신 빈혈증으로 심한 피로감 식욕부진 의욕감퇴가 온다. 6~7개월이 되면 태동현상이 나타나는데 태동이 심할 때는 분만 시보다 복통이 심한 경우도 왕왕 있다. 이와 같은 산고의 고통은 임신으로부터 무사히 출산할 때까지. 오직 우리 어머니들만이 겪는 위험과 고통이다.

그래서 "여자는 약하나 어머니는 강하다"라는 말이 있다. 이 땅에서 가장 크고 아름다운 사랑은 모성애다. 자녀를 가슴에 품고 날아오는 총알을 등으로 막아주는 우리 어머니. 내 몸을 불사르게 내어준다는 말은 우리 어머니들의 희생을 두고 하는 말.

한방의학에서 산고들 약은 대표적으로 불수산(佛手散)과 궁귀탕(芎歸湯)이 있다. 보통 한약 한 첩을 구성하려면 작게는 4~5가지도 있지만, 거의가 20~30종의 약으로 한 첩을 구성한다. 불수산과 궁기탕은 두 가지 약으로 구성되어 있다.

효능은 축태이산(縮胎易産) 즉, 수축력을 강화하여 쉽게 순산할 수 있도록 돕는 약이다. 분만 시 복통은 시급을 요하는 것으로 약을 조제하는 시간까지도 절약하자는 한약 성현들의 지혜를 담고 있다.

출산하는 고통. 그러나 출산은 분명한 애국이다.

출산의 고통을 어머니들에게만 지울 수는 없다. 국가와 국민 모두가 나누어지고 가야한다. 출산은 국가의 경쟁력을 강화하고 경제성장의 동력이 된다. 출산을 위한 국가적으로 획기적인 지원. 보호 정책의 수립으로 저출산 국가에서 벗어나야 한다. 자녀를 낳아 육아, 교육, 사회 진출까지의 무거운 부담과 고통을 부모에게만 맡겨서는 아니 된다. 반가운 예로 전라남도 영광군은 전남 22개 시 · 군중에서 평균 출산율 3명으로 1위다. 물론 전국에서 1위다. 영광군민이 존경스럽고 진정한 애국자다. 일제 강점기에 조국의 독립을 위하여 죽창 들고 젊은 목숨을 초개와 같이 던져 싸웠던 민족성이라면 저출산의 굴레에서 벗어날 수 있다. 출산 정책은 국가는 물론 각 지자체 공공 사회단체 의료계 한방계에서도 적극 협력하는 계기를 마련하였으면 한다. 농촌 할머니의 평범한 말 “산고들 약”은 곧 애국하는 약이다. 산고들 약. 50년이 된 오늘까지도 우둔함을 깨우쳐 주며 채찍질하는 스승이요 불변의 진리며 영원한 명언이다.

집념으로 얻은 아들

전남 고흥군 포두면에 거주하는 평범한 농촌 가정의 주부.

두 딸을 두었는데 막내 딸이 중학교 2학년.

1970년대만 하더라도 아들 선호 사상이 높았다. 두 딸을 키우며 살던 그 주부에게 감당할 수 없는 일이 일어났다. 평소에도 남편은 아들 없는 것을 아쉬워했다. 그러나 돌변할 줄은 생각하지 못했다. 어느 날 남편은 당신은 나이도 많고 생산할 능력도 없으니, 젊은 여자를 얻어서라도 아들을 낳아야 한다는 충격적인 폭탄선언.

이 주부는 남편의 말에 아연실색. 충격에 남편과의 불화도 심화되며, 일도 손에 잡히지 않았다.

남편은 이미 다른 여자와 딴 살림을 하고 있었다.

가정불화는 날이 갈수록 심해지고 농사일도 엉망이 되었다.

이제라도 내가 아들을 낳으면 되겠지. 집념이 잠재의식 속에 쌓이고 있었다.

1974년 늦은 봄으로 기억한다. 아침 일찍 약방 문을 열고 들어온다.

"선생님. 약을 먹으면 아들 낳을 수 있다고 소문 듣고 왔습니다."

아들 낳는 약을 지어주라는 것. 좀 생소하기도 하고 어안이 벙벙했다.

무조건 아들 낳는 약이라니….

손님이니 상담과 진맥은 해야겠다. 그 주부는 40대 중반인데 농촌에서 일하던 분이라 보기에는 거의 노인 같아 보였다. 요즘에는 가슴 벌렁거리고 잠도 오지 않고 식욕도 없다는 것. 사정은 몰라도 안타까워 보였다. 참참한 심정으로 진맥을 하고 나니 대뜸 하는 말.

"아들 낳을 수 있지요?"

결론부터 성급하게 묻는다. 두 딸도 돈도 소용없고 오직 아들뿐. 나이도 40대 중반이고 마지막 출산으로부터 14년이나 경과되었다.

생리불순으로 일 년 열두 달. 6회 즉, 여섯 달밖에 생리를 못한다. 신경은 극도로 예민하여 자궁 기능은 이미 발육 부전에 가깝다. 폐경증후군까지 보였다. 아들은 고사하고 임신할 수도 없는 상태다. 사정은 딱하나 거짓을 말할 수는 없고 사실대로 말하면 금방이라도 쓰러질 것 같다. 사실대로 조금씩 설득하며 조목조목

말해 주었다.

임신할 수 없다고는 차마 말은 못 했다. 아침에 온 분이 밤이 되어도 돌아갈 기미가 없다. 어떻게 해서라도 약을 지어 가야 된다는 집념. 나도 참고서를 보고 처방을 연구해 보겠으니, 오늘은 그냥 돌아가시라고 했다. 우선 오늘만이라도 피해보고 싶었다. 진땀을 뺀 하루였다. 그런데 다음날 일찍 또 왔다. 그런데 전날과는 좀 달라진 모습이다.

"선생님, 연구 좀 해 보셨습니까?"

아들을 낳지 못해도 원망하지 않겠으니 약만 지어 주라고 애원이다. 다른 손님이 오면 뒤로 물러 앉아 있기를 거듭하여 또 오후가 되었다. 나는 어느덧 지쳐가고 있었고, 그 주부의 요청은 더 강렬해졌다. 한편 애처롭기도 하여 예민해있는 증세만이라도 치료해 주고 싶었다. 약을 짓는 동안 그 주부의 표정은 아침에 왔을 때보다 확연히 밝아졌다. 이제 되었다. 이제는 살았다는 표정이다. 약을 짓는 내 마음은 한없이 불편하건만 안타까운 마음뿐.

"선생님, 약 먹고 언제 올까요?"

"다음 생리 끝나고 오시면 됩니다."

"저는 생리를 다달이 하지 않기 때문에 어떻게 해요?"

"그럼 한 달 후에 오시면 되겠네요."

정확하게 한 달 되던 날 찾아왔다.

이렇게 약 짓기를 4개월. 약방 내부 수리를 하기 위하여 약장을 밖으로 내놓고 천막으로 덮어 놓고 한참 수리중이다.

그 주부가 찾아왔다. 보시는 바와 같이 수리 중이라 약장도 밖에 내놓고 천막으로 덮어 놓은 상태이니 일주일 후에 다시 오십시오. 말없이 밖으로 나가길래 집에 돌아간 줄 알았다. 밖에 나가서 천막으로 덮어 놓은 약장을 확인하고 천막을 걷고 작은 책상 하나를 끌어다가 약장 앞에 놓는다. 다시 들어와 자기가 천막을 걷고 책상까지 갖다 놓는다. 약 지을 수 있다면서, 오늘 약을 지어 복용해야 한다는 것이다. 나를 끌고 간다. 하는 수 없이 밖에서 약을 지어 드렸다. 신경성 증세인 불면증, 식욕부진, 가슴 벌렁거림도 중요했다. 약을 수치하기 위하여 향부자나 건강을 볶으면 자기가 와서 직접 볶아 준다. 부족한 약을 협도로 썰면 자기가 썰어준다며 온다. 집념의 적극성은 본받을 일이다. 이렇게 많은 시련과 함께 8개월을 복용하였다. 그 뒤로는 소식이 없어 이제는 스스로 지쳤는가 생각했다. 복용한 지 일 년이 지났을까? 그 동네에서 손님이 왔는데, 그 주부가 임신했다는 것. 믿을 수가 없었다. 혹시, 상상임신이 아닐까? 만일 그렇다면 더 큰 상처가 될 것이다. 어찌하나 걱정이 앞선다. 병원에서 임신 확진을 받고 아들인지 딸인지가 궁금하여 날마다 이 병원, 저 병원을 찾아다닌다는 것.

일 년에 6, 7개월 밖에 생리가 없고, 배란은 불균형했다. 설령 수정란이 되었다 해도 착상할 자궁 상태가 아니다. 어떻게 임신할 수 있다는 것인가?

임신과 불임은 백지장 하나 차이라고도 한다. 애타게 기다리던 아들을 낳았다. 기적이었다. 지난 처방을 다시 살펴보기로 하였다. 그리고 기적은 강력한 집념에 간절한 마음을 담은 집념의 소망이 성취된 것이다.

40년이 지난 지금도 강인한 집념이 불가능을 가능으로 만들었다고 믿어 본다.

그 아들이 건강하게 자라길 소망한다.

간절한 소망이 현실로

신경이 극도로 예민하여 신경성 고혈압 환자인 44세 주부.

슬하에 딸 셋을 두었으나 아들을 낳지 못한 것이 자신에게 문제가 있다고 자책. 그렇기에 신경성 질환과 투쟁해야 하는 환자가 된 것.

남편은 초등학교에 근무하여 고흥읍에서 살고 있다. 가정 형편은 여유로운 편이었다. 풍양 초등학교 입구에서 한약방을 경영하고 있었다. 하루는 남편이 나의 약방을 찾아와 부인의 증세를 말한다. 내일 부인과 함께 올 것이니 상담을 해서 약을 지어달라는 것. 그 다음날 남편과 함께 나의 약방에 왔다.

상담과 진맥을 해본 결과 신경성 고혈압과 불면증. 놀란 가슴처럼 두근거리고 얼굴에 홍조 현상과 항시 불안. 초조하여 안정을 찾지 못 하는 심리 상태. 몹시 불안정해 자신을 통제하기에는 어려움을 겪고 있었다. 정성으로 처방하여 합당한 약을 지어 드렸다. 두 달 정도 복용하였는데 증세는 많이 호전되었다. 불안감도 해소되고 수면도 잘 취한다고 본인과 식구들이 만족해한다. 남편하고는 친근하게 지내는 편이였으나, 부인과는 친밀한 편이 아니다. 여러 차례 약을 지으러 오다 보니 처음보다는 친근한 편이다. 하루는 부인이 약을 지으러 와서 약을 정성껏 짓고 있었다.

"선생님, 저는 평소 건강했는데 아들을 못 낳아서 이 모든 병이 생긴 거예요. 친구가 그러는데 이왕 약을 먹으면 그 약에 아들 낳는 약을 같이 넣어 주세요."

난데없는 주문에 일언지하에 "그런 약은 없습니다."라며 탁 잘라 말했다. 다소 실망스러운 표정이었다. 그 다음에도 약을 짓는다. 먼저와 똑같이 말하는데 이번에는 좀 더 구체적이다.

"언제 어디에 사는 누가 선생님 약을 먹고 아들을 낳았다고 하던데요 저도 조금만 넣어 주시면 안 되겠습니까?"

지금 예민한 신경성 환자의 약을 제조하고 있는데 무조건 딱 자르기가 곤란하다. 동의할 수도 없고 난감했다.

"분명히 선생님 약을 먹고 아들을 낳은 사람이 있어요."

참으로 따분했다. 부정하기도 그렇다고 동의하기도 곤란했다.

"그럽시다" 빈말이라도 대접하고 싶었다.

처방은 종전과 다름없는 약이다. 그럽시다. 라는 말에 그 환자는 내가 끈질기게 요구하니까 이제 좀 넣어 주는가 보다라고 생각했던가 표정이 몹시 밝았다.

그 다음 약을 짓고 있었다.

"선생님 전번과 같이 오늘도 아들 낳는 약 넣어 주세요." 라고 다시 주문한다.

그때는 처방을 좀 변방하여 원래 쓰던 약을 법제하여 몇 가지 가미도 하여 조제해 드렸다.

조경, 종옥, 향부자 탕을 가미하였다.

그러나 현재 나이가 44세. 마지막 출산 이후 10년이나 흘렀다. 아들은 차치하고 임신할 수 있는 확률도 거의 없는 상태였다. 그로부터 한 6개월이 지났는데 남편이 출근길에 약방에 들러 "선생님 우리 집사람이 임신했습니다."라고 믿기지 않는 말을 하는데 거짓이 아닌 사실이었다. 내심 놀랐다. 순간 그 체질에 그 나이에 임신을 했다면 앞으로 일어날 일에 걱정이 앞섰다. 남편은 한 술 더 떠 태몽을 꾸었는데 모두가 아들이라고 한다며 한껏 고무되어 있었다. 남편은 고맙다는 말을 남기고 돌아갔지만 나는 염려가 된다. 만일 임신으로 인하여 본래의 질환이 재발하거나 새로운 증세로 돌변한다면. 과연 어떻게 될 것인가? 정상 분만이 가능할까? 지금은 태아의 남녀분별이 법으로 금지되어 있지만 당시에는 가능했는데 병원에서 아들이라는 것. 아들이라는 말에 임신으로 인한 고통과 태아의 성장과정에서의 많은 역경도 이겨내게 된 것이었다. 결국 그렇게 바라고 기다리던 아들을 낳았다.

그동안 얼마나 고통이 컸을까? 역시 어머니는 위대하구나. 진심으로 축하했다.

"선생님께 사정을 하니까 처음에는 '그런 약은 없습니다.'라고 하시더니 "내가 사정사정하니까 그때서야 넣어 주더라." 주부의 말대로 아들 낳는 약을 넣어 준 적이 없고 다만 두 번(두 제)에 걸쳐 약을 제조하면서 몇 가지 가미, 수치한 것 외에는 특별히 불임 치료제가 아니었다.

남편이 약방에 찾아와 선생님을 모시고 집에서 식사라도 대접하고 싶다고 즉, 나를 초대한 것이다. 보통 출산을 하면 3.7 즉 21일이 지나야 금줄도 걷어내고 외부인 출입도 가능한 것이다. 이는 종교적 이념에서 정한 것이 아니라 산모와 태아를 위한 최소한의 배려라고 보아야 한다. 선조들이 정한 하나의 규칙이다. 성화를 이길 수 없어 산모 댁을 방문했다. 아들 낳게 해준 약국이라고 친척, 친구들로부터 분에 넘치는 인사를 받고 대접도 받고 돌아왔다.

아무리 한방의학적으로 생각해도 이해는 되지 않는다. 그저 신기하다고 할까? 기적이라고 할까? 저녁에 처방전을 꺼내어 살펴보았어도 상상이 되지 않았다. 결론은 어머니들만에게 허용되는 간절한 소망. 하늘이 응하고 현실로 일어난 기적이라고 생각할 수밖에 없는 일. 어쩔 수 없이 칭찬과 감사의 인사를 받는 대상이 되었다.

다섯 번의 분만과 여섯 자녀의 엄마

전남 고흥군 풍양면 야막리 죽시부락.

남편은 우체국에 근무하는 집배원으로 시부모의 반대에도 3년 열애 끝에 결혼한 가정. 독실한 기독교 가정으로 시아버지는 장로, 시어머니는 권사였다. 남편은 2대 독자였으니, 시부모님 원하는 손자를 안겨 드렸다면, 구박도 잠재울 수 있었을 것인데. 안타깝게도 첫째도 둘째도 딸만 낳고 말았다.

며느리는 시부모님의 바라는 바를 잘 알고 있기 때문에 마음에 부담과 민망함은 더하여가던 중에 세 번째 임신을 했다.

어느 날 한약방을 찾아왔다. 같은 교회 같은 구역 식구였기에 친근하게 지내는 처지였다. 집사님께서 말씀하셨다.

"저의 가정 형편을 잘 알고 계시지요?"

"제가 임신을 했는데 이번만은 꼭 아들을 낳아야 합니다."

“그렇지 않으면 쫓겨날지도 모릅니다.”라며 절박한 말을 한다.

“친구 말에 의하면 한약을 복용하면 아들을 낳을 수 있다고 하기에, 그렇다면 멀리까지 갈 필요 없이 집사님께서 지어 주셨으면 하고 왔습니다.”

듣는 순간 참으로 난감했다.

교회 봉사도 열심이며, 구역 활동은 모범적인 성도였다. 또한 절박한 처지는 충분히 이해할 수 있으나, 이 같은 비장한 각오로 무거운 짐을 내게 요구하는 것이다. 잘 모르는 관계였다면 부정하거나 거절할 수도 있겠지만 나로서는 당황할 수밖에 없었다.

아무리 처지가 딱하고 절대적으로 필요하다 할지라도 할 수 없는 것을 할 수 있다고, 거짓말과 불가능한 것을 알면서 가능한 듯 거짓 약을 지어줄 수는 없는 일.

빈말이라도 위로해 주고 싶었으나, 묘방이 떠오르지 않았다. 결국 여러 정황 및 예를 들어 설득하였는데, 돌아가는 뒷모습이 실망스러운 듯 어두움이 엿보였다. 나도 하루 종일 마음이 불편했다.

물론 사람이 마음대로 할 수 없는 일이 이뿐일까마는 아들, 딸 문제는 우리가 할 수 없는 영역이라는 것을 말해 주었다.

몇 달 후, 나의 부인이 동네 빨래터에 갔다가 미선이 엄마를 보았는데 배가 어찌나 불렀던지 모두가 쌍둥이 아닌가? 하더라는 것이었다. 언뜻 생각에 아들, 아들 하더니 아들 쌍둥이 낳았으면 좋겠다는 생각을 하며 지나쳤다.

어느 날, 오전 11시경 풍양면사무소 가족계획요원이신 송 여사가 헐레벌떡 약방에 들어와,

"똘똘이(큰아들 별명) 아빠! 이를 어쩌면 좋아요?"

"왜 그래?"

소파에 덥썩 앉으며,

"미선이 엄마가 출산을 했는데…."

나 또한 궁금해서

"그래. 아들이야 딸이야?"

한동안 말이 없다.

다시 다그치니 "딸을 낳았는데요. 하나가 아니라 쌍둥이를 낳았어요."라고 대답한다.

"딸 쌍둥이를 낳았단 말이야?"

"네." 울먹이듯 대답한다.

평소에 가정의 처지와 환경을 잘 알고 있기에 애처로운 마음이 있었는데, 딸 쌍둥이 소식에 억장이 무너지는 듯하였다.

산후 복통 치료제를 지어 주고 생각하니 임신 초에 나를 찾아와서 하던 말이 떠올랐다. 걱정이 되기 시작한다. 차라리 그때 나는 그런 약이 없으니, 친구가 말한 약방에 가서 복용해 보라고 할 것을…. 불안한 생각까지 들었다.

만일, 약을 복용하지 못하게 해서라고 원망을 한다면 증명할 사유도 해명할 자료도 없지 않은가?

일손이 잡히지 않았다.

원망이야 어떠하리 할 수 있지마는 산모의 실망과 상처는 무엇

으로 씻을까?

이렇게 골몰하고 있는데 목사님께서 산모 집에 심방 가자는 전화가 왔다. 산모가 밥도 먹지 않고 울기만 한다는 것이다. 몇몇 권사님들께 심방 가자고 하였으나, 모두가 거절한다는 것이다.

목사님, 사모님과 나. 셋이서 산모집에 도착하여 목사님께서 "집사님이 구역장이시니 먼저 들어가십시오."

산모가 있는 방문을 열고 한발을 내딛는 순간, 누워 있던 산모가 벌떡 일어나 내 바짓자락을 붙잡고 대성통곡을 하는 것이었다. 나의 염려는 원망의 현실이 틀림없구나.

포기하듯 목사님과 사모님도 "오셨어요. 그만 진정 하십시다." 라고 했더니 산모가 겨우 진정한 후, 목사님의 권면의 말씀과 기도로 마치자 미선이 엄마가 울먹이면서 사실을 고백하였다.

"임신 초에 윤 집사님을 찾아가 아들 낳는 약이 있다고 하니, 지어 주실 것을 요구하였으나, 그런 약은 없다고 하시기에 포기하고 있었는데, 친구의 권유가 집요하여 친구가 말하던 한약방에 가서 약을 복용하고 출산달에 가서 확인 했더니 틀림없이 아들을 낳을 것이니, 나중에 이바지 해 올 생각이나 하라고 했는데…."라며 이게 무슨 꼴이냐고 흐느껴 운다.

'오해가 풀렸구나.'라는 생각은 어디로 가버리고 불같은 울화가 치밀어 올라왔다.

세상에 이런 사기꾼이 어디 있단 말인가? 분격함을 참을 수가 없었다.

국가에서 허가해 주고, 국민 보건 향상에 기여하라 했는데….

한동안 울음을 그치지 않던 미선이 엄마는 "그때 집사님 말씀을 믿었더라면 이렇게 실망하지는 않았을 것인데…." 하면서 다시 흐느껴 운다.

교회의 교육관이 미선이 집 근처에 있었는데 오후에는 간혹 탁구를 치기 위하여 갔었다. 약을 달이다가 내가 오는 것 같으면 약탕 그릇을 숨기며 혹시나 집사님이 아시면 어떡하나 하기를 여러 번이었다고 하는 말에 더욱 분개함이 들었다.

세 번 출산에 딸 네 명이 된 미선이 엄마는 시부모로부터 받는 보이지 않는 학대와 구박이 더욱 심해졌다.

시아버지이신 장로님과 권사님을 찾아뵙고 화도 내보고 사정도 해 보았으나, 2대 독자 가정에 대를 이을 간곡함은 그 누구도 막지 못하는가 보다 하는 생각이 들었다.

미선이 아빠는 직장을 서울로 옮겨 이사를 갔는데 아들을 둘씩이나 낳았다는 소식을 들었다. 다섯 번 출산 끝에 여섯 명의 자녀를 얻은 가정이 되어 다복하게 산다는 기쁜 소식을 듣게 되었다.

미선이 엄마가 겪은 심리적, 육체적 고통은 우리 어머니들의 공통된 고통에 하나를 더한 고통의 삶이었으나, 아들을 얻게 된 보람으로 고통을 잊고 건강하게 행복한 삶 되기를.

기원하는 마음은 오늘도 한결같다.

진심이 얻은 선물

두 딸을 낳고 중학교에 다니는 딸들을 보면서 부러울 것 없이 생활하던 가정주부, 독실한 기독교 가정, 남편은 대학교수로 재직하였고 두 딸은 공부도 잘하는 편이다. 언제부터인지는 몰라도 아들에 대한 미련은 딸들이 성장할수록 더욱 크게 마음을 흔들었다. 부인은 남편을 설득하여 결혼 초, 첫 임신이 되지 않아 고흥에 있는 나의 약방에 와서 약을 복용하고 두 딸을 낳았다고 하면서 이제는 아들을 낳고 싶다는 것이다.

오래된 일이라서 나는 기억할 수 없으나 부인을 보기에 나이도 40세에 출산한 지가 14년이 되었을 뿐만 아니라 전형적인 빈혈 체질에 체력도 부진하여 만성피로감, 생리 불순에 자궁 발육 부전까지 있어 아들은 고사하고 임신할 수 있는 조건이 되지 못했다. 진맥을 마친 다음, 위와 같은 조건들을 설명하고 임신하기도 어렵고 더욱이 아들을 낳는다는 보장도 없으며, 만일 임신을 한다 하더라도 지금의 건강상태로는 정상 분만까지는 어려움이 많기 때문에 두 딸로 만족하시고 마음을 접는 것이 좋겠다고 했더니 제가 임신을 못하더라도 절대로 선생님을 원망하지 않을 것이니 약을 지어 주시라고 간청하는데 더 사양할 수가 없어서 허약한 몸이라도 치료하자는 생각으로 약을 지어 드렸다. 처방하면서 많은 고민도 하였다. 첫 번째, 두 번째, 한 달, 두 달이 흘러 신체적 변화는 처음 온 예전보다 양호해진 것을 볼 수 있었다.

한 7, 8개월이 지났는데 임신했다는 소식이 왔다. 부인은 즐거워 어쩔 줄을 모르고 기대에 사로잡혀 있었으나 나는 왠지 불안한 생각이 앞선다. 첫째. 허약 체질이고 빈혈 증세가 심하며, 둘째. 자궁 발육 부전 상태에 정상적으로 태아가 성장할 수 있을까? 임신 5~8주가 제일 어려운 고비가 될 텐데 또 임신 중독 현상이 올 가능성이 많은데 임신 빈혈은 어떻게 헤쳐 나갈지? 하루는 시내에서 부부를 만났다. 얼굴에 이미 임신 중독 현상이 보였다. 내가 "별일 없으십니까?" 물었더니 "오직 태아만을 생각해서인지 보다시피 건강합니다."라고 자신만만하였으나 나는 보기에 염려가 되었다. 태풍을 피해가듯 정상 분만을 하였다. 그리고 그렇게 소망하던 아들을 낳았다. 연일 집안 잔치가 벌어질 정도였다. 나는 기적이라고 생각했다. 한방의학적으로나 신체적 조건으로나 도저히 불가능이던 일이 가능이 된 것이다. 그때도 그렇게 생각했지만 지금도 그 생각에는 변함이 없다. 그러나 분명 그는 아들을 낳았다. 건강한 사내아이를. 이는 분명 영험한 한약의 힘도 아니요, 또 내가 약을 잘 지어주어 얻는 것은 아니라고 생각했다.

그의 간절한 소망과 끈질긴 집념의 결과라고 생각한다. 산모는 독실한 기독교인이며 평소 어려운 이웃을 위하여 헌신적으로 돕고 한없이 착한 성품이며 이웃이 울면 함께 울어주는 즉, 예수그리스도를 닮아가는 성품의 소유자였다. 그의 신앙과 착한 성품과 진심을 담은 간절한 소망이 현실이 된 것이라고 생각할 수밖에 없는 사건이었다. 태어난 아들도 건강하게 무럭무럭 자라서 지금은 성년이 되어 결혼하기 전 나의 약방으로 인사차 찾아왔다. 옛날에 귀하신 분에게 받은 만년필을 선물로 주었다. 출산의 고통은 어머니들만이 갖는 고통이라지만 목적달성을 위한 어머니들의 심정은 고통으로 여기지 않으시기 때문에 이 땅에서 가장 귀하고 값진 사랑은 모성애인가 보다. 앞으로도 더욱 건강하신 어머니로 사시기를 기도해 본다.

효부의 염장 미역 선물

전남 완도군에서 미역 양식업을 하는 어촌의 주부.

홀시어머니를 모시고 슬하에 두 아들을 두고 있으며 부산으로 시집 간 시누이 때문에 걱정이 많다. 남편은 여동생과 남매다. 시아버지께서는 8년 전 양식장 사고로 돌아가셨다. 시어머니는 남매를 힘들게 키우다 5년 전에 결혼한 시누이가 아직 아이를 갖지 못하므로 시어머니께서 병이 날 정도다.

평소 시어머니의 삶을 끔찍하게 생각하던 며느리. 걱정이 아닐 수가 없었다. 뿐만 아니라 시누이의 가정은 2대 독자로 애타게 아이 소식을 기다리다 5년이라는 세월이 흐르다 보니, 기다림에 지쳐 가정불화가 쌓이고 부부간의 갈등도 커져가는 상황을 알고 있는 올케로서는 염려의 대상이 될 수밖에 없었다.

우연히 지인의 말에 순천 월계당한약방을 소개 받고 시누이에게 권유해 보았으나 신통하게 여기지 않는다. 하는 수 없이 적접 나서야겠다고 다짐하고 시누이와 순천에서 만나기로 약속하고 나의 한약방을 찾아왔다.

완도에 있는 올케가 먼저 약방에 도착하여 전후 사정을 이야기하는데 대단한 효부였고, 시누이를 생각하는 마음이 예사 올케는 아닌 듯하였다.

시누이도 아기를 낳아야 하겠지만 홀시어머니의 건강을 위해서라도 시누이가 빨리 아기를 낳아야 한다는 것이다. 올케와는 달리 장본인인 시누이는 시큰둥한 편이다.

몇 가지 기본 문진을 했다. 산부인과의 검진 여부, 한방치료 여부, 자연유산의 유무 등을 묻고 진맥을 했다.

좌측난소의 배란이 원만하지 못한 증후, 자궁후굴 현상 약간의 자궁 발육 부전 현상으로 경직성 현상, 자궁의 체온 저하 등을 설명하면서 난소염을 앓은 적인 있냐고 물었더니 3년 전에 난소염 치료를 받았다고 하면서 그때부터는 신기하다는 식으로 대답이 달라졌다.

산부인과 정기검진과 시부모의 권유로 한방치료도 받았고 병원에서 큰 이상이 없다기에 기다린 것이 5년이 되었다는 것이다.

혹 남편도 검사를 받아 보았느냐 했더니 "몰라요."라고 퉁명스럽게 대답하기에 반드시 받아보라고 말하고 약을 복용하겠느냐 했더니 "네."라고 대답하였다.

올케는 옆에서 내가 하는 말을 하나하나 빼놓지 않고 메모하고 있었다. 약을 지어 주면서 복용 중 수칙에 관하여 세세하게 설명을 해주었다. 이렇게 1차, 2차, 3차 복용을 하게 되었는데 그때마다 완도에서 올케가 올라왔다.

대단한 올케였고 정성이 지극한 효부라는 생각이 들었다. 두 사람은 한 살 차이인데 시누이는 어린아이 같고 올케는 어른같이 보였다.

언뜻 생각에 만일 아기를 갖는다면 이 모두는 올케의 정성으로 인한 것이라는 생각이 들었다. 마지막 3차 약을 지으러 왔을 때 "우리 고모가 임신하게 되면 우리 양식장에서 제일 좋은 수출용 염장미역을 이바지 선물해 드리겠다."라고 하기도 했다.

그리고 2년 가까이 되던 어느 오후 완도에 사시는 그 올케가 찾아왔는데 땀을 흘리며 나무상자 하나를 들고 왔다. 그가 약속한 수출용 염장 미역이었다.

부산 시누이 소식이 궁금하여 물어보았더니 두 달 전에 아들을 낳았다고 하면서 양쪽 집은 물론 모두의 기쁨이라며 자기 시어머니도 큰 걱정을 덜고 진즉에 오려고 했으나 양식장 일로 늦었다고 미안하다는 말까지 덧붙었다.

원래 생각하던 대로 "시누이가 아들을 낳은 것은 올케의 간절한 정성의 힘이구나."라는 생각이 다시 들었다. 완도에서 무게가 20kg이 넘는 상자를 들고 배를 타고 녹동으로 나와 몇 차례의 차를 갈아타고 온다는 것이 여성으로서는 무척 힘이 들 것인데, 약속을 지키기 위한 그 여인의 수고는 참으로 고마울 정도였다.

충청도에 계시는 어머니께서 미역을 맛보시더니 내 생전 이렇게 좋은 미역은 처음 보았다고 하셨다. 효는 백행지본이라 했는데 시어머니에 대한 효성은 소망을 성취하는 힘이 되었다는 생각이 다시 든다.

고부간의 갈등도 이 효부에게는 메아리에 불과하였다.

우리 사회는 갈수록 거칠어져간다. 가짜가 진짜로 둔갑하고, 막말과 망언이 진실을 덮어 버리고, 불의하고 악한 것이 정의를 앞서고, 사랑의 꽃이 피어있어야 할 곳에 가시덤불만 앙상하며, 헛된 말과 도리에 벗어난 행동은 상식과 지식인들의 전유물이 되었다.

일상에 지치고 힘들게 살아가는 소외 받는 자들에게 위로가 되는 여운이 깃든 진심어린 말과 행동은 언제에나 피어날까?

완도의 수출용 염장 미역은 오랫동안 나의 기억에 남아 있었다.

2

한의학이
내게 가르쳐 준 것

네 살짜리의 항변

전남 고흥군 풍양면 당두리에 거주하는 네 살짜리 여아. 두 살 때부터 경기(놀라는 증세)로 날이 갈수록 증세가 심하여 가족들의 마음을 안타깝게 했다. 경기(경끼)는 어린이들에게 나타나는 증세 중 하나다. 감기나 소화불량으로 인하여 열이 오르면 경기로 돌변하는 질환. 증후는 고열이 오르고 손과 발에 경련이 일어나며 입에서 거품을 내뿜고 눈알을 굴린다. 전신이 바들바들 떨리는 증세로 어린이에게 응급을 요하는 현상. 간질 증세로 오인할 수도 있다.

현재는 응급환자로 분류하여 해열제와 안정제를 투여하면 치료가 잘되는 편이다. 1970년대에는 한방치료와 침구 치료에 의존하였다.

네 살 여아는 평소에는 체온이 높은 편이 아니다. 잦은 감기 증세나 소화불량으로 열이 오르고 경기 현상으로 돌변한다. 소화력 증강, 체온조절을 위한 처방을 하고 3일에 한 번씩 시침할 것을, 아이 엄마에게 말했다.

첫 번째 시침을 해야 하는데 어린 아이에게 시침하는 것은 보통 일이 아니다.

원래 가정에서 아이들이 울면 "침쟁이 온다."등으로 울음을 그치게 한다. 이는 침이 두렵고 무섭다는 선입견이다.

3주 가량을 시침한다는 것은 시침하는 자나 맞는 자나 고역이다. 엄마와 어린이 언니가 손, 발을 잡고 울며불며 시침을 했다. 그런데 침을 빼자마자 벌떡 일어나더니 내 등 뒤로 온다. 울면서 내 등을 두 주먹으로 마구 두들긴다.

엄마가 놀라서 아이를 잡으려고 한다.

"그냥 놔두세요. 화풀이를 해서 스트레스를 풀어주는 것도 좋을 듯하네요."

이 행동을 보아서도 성격이 적극적이라 것을 알 수 있다.

고민에 빠졌다. 시침을 포기할까? 어린 아이 마음에 두려움과 스트레스를 주는 것은 하나를 얻고 하나를 빼앗는 것. 이는 온당한 치료법이 되지 못한다는 생각. 조가비 같은 손으로 등을 두들기던 아이 모습이 자꾸만 떠오른다.

3일 후 엄마와 함께 오면서 집에서부터 약방에 올 때까지, 아프다기보다는 무섭고 두려움 때문에 떼를 마냥 쓰더라고 한다.

침을 다 맞고 "아저씨가 맛있는 과자 사줄게."라고 해도 고개를 절레절레.

첫날과 같이 엄마가 아이를 잡고 겨우 시침을 했다.

첫날처럼 내 등을 두들기지는 않았다.

어느 정도는 수긍하는 듯, 또 일부를 포기한 것 아닌가. 울음도 첫날보다는 길지 않았다.

책상 서랍에서 동전 200원을 손에 쥐여 주었다. 돈을 모르는 듯 반겨하지도 않고 의아해한다. 나를 빤히 쳐다본다.

엄마에게 바로 옆 가게에 가서 아이가 직접 가게 주인에게 200원 주고 원하는 과자를 선택하도록 하라고 가게로 보냈다.

이미 오전에 가게 주인에게 전후 사정을 말씀드렸다. 아이가 오면 좋아하는 과자든 사탕이든 주라고 부탁해 놓았었다.

엄마가 아이를 데리고 가게로 가서 돈을 주고 과자와 교환하게 하였다. 나의 부탁이라 그랬는지, 과자와 사탕을 아이 손에 많이 쥐여 주었다.

당시 이 아이는 가게도 없는 농촌 마을에 살았다. 돈도 모를 뿐 아니라, 돈을 주니 과자와 사탕을 주더라는 것도 모를 때다.

난생처음 상거래 방법을 터득하게 된 것.

세 번째 왔을 때는 아이의 표정이 완전히 달라졌다.

빨리 침 맞고 돈을 주면 과자와 바꾸어 먹어야지라는 기대감. 얼굴이 상기되어 있는 듯 했다.

"자! 침 맞을까요?"

시침 순서대로 손, 발, 머리를 차례로 스스로 응한다.

조금도 무서워하지 않는다. 시침이 끝나자마자 두 손을 내민다. 돈을 주라는 것이다. 신기했다.

"침, 안 아파?"

고개를 저으며 괜찮다는 표시였다.

얼른 200원을 주었다. 엄마보다 먼저 가게로 쏜살같이 달려간다. 사탕과 교환하는 것이다. 어른이든 어린아이든 생각하기에 따라 이렇게 다를 수 있다는 것을 증명하는 계기가 되었다. 달콤한 사탕은 어린 마음을 달래고 또 바꾸기에 충분했던 것.

그래서 인간은 생각하되 고민하지 말자는 말이 있다.

생각은 긍정적 사고로서 새로운 것을 창출할 수 있지만 고민은 부정적 사고로 자신을 파멸로 이끈다. 아침만 먹고 나면, 시침일도 아닌데 손을 가리키며 엄마 이거 하러 가자고 졸라댔단다.

그 후로는 약방에 들어오면 내 앞에 바싹 앉는다. 침 맞을 마음의 준비를 완료하고 손, 발, 머리를 순서대로 내어준다.

치료기간이 모두 끝났다. 이거 하러 가자고 졸라서 귀찮을 정도였다는 엄마 말. 긍정과 부정의 차이를 극복하는 것은 오직 인간뿐이라는 생각을 하게 된다.

그때 어린 아이도 지금은 50대를 넘긴 장년기를 맞이했을 것이다.

그의 삶은 분명히 긍정적인 삶으로, 행복한 생활임을 믿어 본다.

허리침 도사라는 별명

1976년, 무더위가 기승을 부리는 어느 여름날.

오전 11시경, 중년 남자 한 분이 나의 약방을 찾아왔다. 거동이 몹시 불편해 보였다. 운대면에 거주하는 46세의 환자는 농협에 근무하고 있었다. 일과를 마치고 친구들과 술을 마시고 난간에 걸터앉았다. 시원한 바람에 더위도 식히고 담소도 나누고 있던 중 취한 상태이기 때문인지 다리 밑으로 그만 떨어졌다. 다리가 높은 편은 아니었지만, 다리 밑에는 가뭄으로 물은 없고 온통 돌과 자갈뿐이다. 머리는 다치지 않았다. 허리에 충격을 받아 병원에서 2주일 동안 치료하였으나 좀처럼 호전되지 않았다. 풍양농협에 근무하는 친구의 소개로 찾아오게 되었다. 약방에 들어오면서 "저는 고개를 숙일 수 없어서 인사도 못합니다."라고 했다.

양말 신는 것도 집사람이 도와줘야 한다면서 허리를 자유롭게 움직이지 못한다. 허리를 움켜잡고 빳빳이 걷는 모습. 병원의 진단으로는 흉추나 요추가 절골되거나 탈구된 것은 없다고 한다. 그런데 거동이 몹시 부자유하다고 불평했다. 일단 허리 상태를 살피기 위해 배를 바닥에 대고 엎드리게 하는데도 엄청 힘들어 한다. 요추 4,5번 옆 근육이 굳게 경직되어 있었다. 골절은 아니나 4,5번이 협착증도 있었다. 시침을 했다. 족태양, 방광경을 위주로 자침을 했다. 마지막으로 위중혈에 삼능침으로 출혈을 하였다. 30여분 동안 시침을 하고 조심스럽게 몸을 옆으로 틀면서 천천히 일어나게 했다. 처음 엎드릴 때와는 달리 허리 움직이는 것이 부드럽고 쉽게 일어난다. 지금까지는 허리를 동여매 놓은 것 같이 단단하게 굳었다. 그런데 모두 풀린 듯하다며 일어나서 허리를 좌우로 움직여 본다.

"어~허, 움직이기가 훨씬 부드럽습니다."

고개도 움직이며 숙여 보인다.

"고개도 숙여지네요. 손을 뻗어 양말 신는 시늉을 하면서 "이제는 양말도 신을 수 있겠네요."

허리를 움직일 때마다 소리 지를 정도로 꾹꾹 마치곤 했는데 그것도 없어졌다고 한다. 몹시 만족해하며, 기뻐서 어쩔 줄을 모르겠다는 표정. 또한 의아해한다.

당귀 수산에 전갈 2돈을 가미하여 10첩을 제조해 주고 돌아갔다. 예로부터 신 침 일 하(신침일하)라 했는데 즉 신효한 침은 한 번의 시침으로 결정이 된다는 뜻.

2주 동안 갖은 고생을 했던 사람이, 한 번의 시침으로 만족할

만한 효험을 보았다. 소개한 농협직원이 기뻐하며 나에게 허리침의 도사라는 별명을 붙여 주었다.

21세 때, 종로5가에 있는 동의전문학원에서 침구학의 권위자이신 윤병화 선생님으로부터 침구학을 수강 받았다.

나의 어머니께서 시골에는 만성 가슴앓이 즉 만성 위 경련으로 많은 고통을 겪으셨다.

1년 침구학 수료를 하고 윤병화 선생님께 어머니 증세를 말씀드렸다. 그리고 시침혈과 방법을 지도 받았다. 마침 어머니께서 증세가 발병하여 여러 날 고생하신다는 소식을 듣고 시골로 내려갔다. 난생 처음으로 어머니에게 시침을 하게 되었다. 후에 한약업사 시험에 응시하여 합격이 되었다.

전남 고흥군 풍양면에 〈월계당한약〉을 개업했다. 도시보다 농 · 어촌에서는 한약보다 침구치료를 더 선호하는 편이다. 처음 개업하고 개척이 어려울 때 더욱이 새파란 젊은 사람이 한약방을 한다 하니까 처음에는 믿으려고 하지 않았다. 침구 시술을 받아보고는 신효하다는 소문이 나게 되었다. 그러나 처음부터 지금까지 시침을 해주고 치료비를 받은 적은 단 한 번도 없었다.

고흥 라이온스 클럽의 회원이었다. 고흥읍내, 내 · 외과 의사들과 도서 지방이나 무의촌에 무료 치료 행사에 함께 참여하였을 때다. 내 · 외과, 치과 치료환자보다 침을 맞겠다는 환자가 훨씬 많았다. 침구학은 우리 기억 속에 깊게 자리하고 있는 것도 사실이다. 하지만 미래 건강을 보장하는 미래의학으로 굳게 자리하게 된다면 국민 의료비 절감 및 자연 치유로 복원된다. 또한 국민 보건 향상에 크게 기여하리라고 굳게 믿는다. 남녀노소 어느 누구도 전문가의 지도를 받으면 가내치료도 가능하다고 생각이 들어 적극 권장하고 싶은 심정.

현대는 가정에서 혈압이나 당 체크도 가능하다. 편의점에서 어느 정도의 상비약을 구입할 수 있다. 짧은 기간에 전문가의 지도로 자가 치료의 수준은 충분히 달성할 수 있다면 국민적 관심을 가져볼 수 있다고 생각한다. 침구학은 결단코 전문가의 영역만이 아니라고 생각하는 사람이다. 왜? 사고나 위험의 존재가 아니기 때문이다

한동안 허리침 도사라는 별명이 나를 따라 다녔다.

신뢰도 치료다

청량리에서 조그마한 세모진 단칸방을 얻어 자취를 했다.

신길구 교수께 한의학 강의를 받고, 침구학원에서 침구학을 배우는 21살 초년생.

종로5가에 있는 동의침구학원 윤병화 한의원장선생님의 지도로 열심히 공부했다. 신길구 교수님이나 윤병화 선생님으로부터 칭찬도 듣고 열성적인 학생으로 인정해 주셨다. 신길구 교수님은 한방학 특히, 생약학으로서는 동양의 석학으로 실력이 인정된다. 서울 시내 7개 약학대학에 출강하고 계셨다.

나의 신체적인 문제 때문에 그러셨는지 알 수는 없으나, 나를 많이 예뻐해 주셨다. 미아리에 있는 교수님댁에 가서 식사 대접도 받곤 했다. 한방에 관한 귀한 진리의 말씀을 많이 해 주셨다.

침구학의 담당자 윤병화 선생님은 서울에서 한의원을 경영하시며, 학원 강사를 하셨다. 당시 서울에서 침구학하면 윤병화 선생님을 제일 권위자라고 자타가 공인할 정도의 실력가이셨다.

하루는 침구학 강의를 마치고 강의 내용을 정리하고 있는데, 동국대학 정OO 교수님이 나를 찾으셨다. 정교수님은 윤병화 선생님과는 동갑내기로 절친 사이이다. 남들이 부러워 할 정도로 친하신 사이이다. 간혹 학원에 오시기 때문에 인사를 드리게 되어 알고 있는 분이다.

"기중아, 잠깐 나 좀 보자. 내가 내일 너의 자취방으로 찾아가고 싶은데 괜찮겠니?"

"네. 괜찮습니다만은, 무슨 일입니까?"

"하여튼 주소 좀 알려 주거라."

더 이상 여쭙지를 못하고 주소와 위치를 가르쳐 드렸다. 무슨 일이실까?

무척 궁금하였으나, 그 당시 내 신분으로는 감히 무슨 일입니까? 라고 물어볼 처지가 아니다. 오후 내내 궁금했다.

정교수님 같은 분이 왜 나를 찾아온다는 것일까? 아무리 생각해도 답은 고사하고 답 근처에도 접근할 수 없었다.

다음 날 학원을 마치고 오후에 정교수님이 약속대로 찾아오셨다.

유명 제과점의 빵과 과일 바구니를 들고 오셨는데, 또 한 번 의외였다. 몸 둘 바를 몰랐다. 좁은 자취방에 들어오신다.

"방이 좁구나."

자리에 앉으시는데 어딘가 불편함이 있는 듯 거동이 자유스럽지 않게 보였다.

“사실 내가 허리가 불편한 지 일주일쯤 되었다. 정형외과 치료와 물리치료도 했는데 쾌차하지 못하구나. 그래서 너한테 침을 맞아 볼까 해서 왔다.”

내가 깜짝 놀라며, “교수님, 침이라면 윤병화 선생님이 계신데. 제가 어떻게 교수님께 침을 놓을 수 있습니까? 저는 이제 배우는 학생이고 남에게 시침도 해보지 못하고 아직 서튼 것이 많습니다. 안됩니다.”라고 말했다.

“사실 며칠 전에 병화보고 ‘자네가 가르치는 제자 중, 성격이 참하고 시침에 자네가 믿을 수 있는 제자가 누구인가’라고 했더니, 바로 너를 추천했다. ‘기중이 같으면 믿을 수 있고, 경혈 감별도 잘하네. 어느 때는 나보다 더 예리하다네.’라고 해서 너를 찾아왔다.”

병화와 친구라고 어려워하지 말고, 그저 허리 아픈 환자라고 생각하라며 말씀하시는데 더 이상 사양할 수가 없었다.

이미 침을 맞을 것을 전제로 오셨다는 생각이 들어 하는 수 없다. 체념하고 요통 상태를 여쭈어 보고 내가 배운 대로 시침을 해드렸다.

많은 사람 또 환자들에게 시침을 해온 처지가 아니기 때문에 교과서적으로, 또 워낙 어려운 분이기 때문에 세심하고 조심성 있게 정성을 다했다.

마지막에 양 위중혈에서 삼능침으로 사혈 할 때는 좀 아프다고 하셨다. 시침을 마치고 허리를 움직여 보더니 “네 침은 아프지도 않고 허리도 훨씬 부드럽고 다 나은 것 같다.”라고 하시며 아주 만족해 하셨다. 순간 나는 후~휴 살았다.

“사실은 이틀 전에 병화 한의원에 가서 침을 맞았다.”

그런데 시침을 하면서 농담도 하고 하하호호 하면서 시침 중 전화를 받고 통화도 길었던 관계로 침을 맞는 환자의 입장에서는 심히 불안감을 느끼게 되었다는 것.

침 맞는 짧은 시간이었지만, 불안했다는 말씀이셨다. 침이란 결코 위험하고 불안을 느낄 대상이 아닌데도 정 교수님의 성격으로 볼 때는 충분히 그렇게 느낄 수도 있겠다.

침을 무섭게 생각하고 두려워하는 것을 불식하기 위하여 허물없이 하신 것이 도리어 불안감을 갖게 하는 계기가 된 것이다. 침구술의 전문가라 할지라도 환자의 입장에서 좀 더 세심하고 신중하며, 정성을 다하는 것이 치료자의 기본이라는 것을 깨우쳐 주는 좋은 예가 되었다.

약이든 침이든 환자는 치료자로부터의 얻는 신뢰가 중요하다. 그것은 또 하나의 치료법이라는 큰 교훈도 되었다.

정 교수님은 호주머니에서 미리 준비하셨는지 봉투 하나를 내게 주셨다. 극구 사양하였으나, 주시는 손을 물리치지 못했다. 당시 나의 한 달 생활비 정도. 큰 보탬이 되었다.

환자를 대할 때, 말 한마디 행동 하나 하나가 얼마나 소중한지 스스로 깨우쳤다. 이 치료의 첫 걸음이라는 것을 정교수님에게 배우게 되었고, 신뢰의 고귀함을 각인시켜 주는 값진 계기도 되었다.

그 후로 정 교수님은 나를 사랑하는 제자로 여겨 주셨다.

인술에 대한 사랑이 있는 곳에 인간에 대한 사랑이 있고, 치료사의 말과 행동에 사랑을 담으면 회복의 힘이 된다는 히포크라테스의 명언이 새롭게 떠오른다

아찔한 순간

2002년 어느 초여름 목요일 오전 11시경.

평소 우리 약방을 간혹 찾아오시던 주부가 찾아왔다. 조금 있으면 저의 사위와 딸이 온단다. 회사에 일이 많아서 그러한지 피로감을 많이 느낀다. 식욕도 없고 살이 많이 빠졌다고 한다. 개소주(개곰)를 해주고 싶은데 분명 개소주라고 하면 안 먹을 것 같으니 개소주라는 말씀을 하지 말고 진맥을 하시고 약을 주십사 한다. 그래서 먼저 온 것이다. 개 한 마리에 들어갈 약값을 미리 계산하였다. 조금 지나니까 젊은 부부가 들어왔다.

장모의 말대로 30대 중반인데 몸이 마른 편이며 키는 보통. 신경이 예민하게 보였다.

"장모님께서 약을 지어 주신다니 좋겠습니다."

대답도 없고 별 반응이 없다.

"진맥을 해 봅시다."라고 동의를 얻고 먼저 손을 잡아 체온의 감촉을 본다. 진맥의 절차인데 손이 좀 뜨거운 편이다. 아, 열이 많은 체질이구나. 생각하며 오른쪽 손을 진맥하는 데 불과 10초도 안 되었다. 내 머리가 찡하고 울리는 것 같았다.

진맥의 기본은 촌, 관, 척에 맥동 숫자를 본 다음 칠표, 팔리, 구도로 구분하는데, 구분할 경향이 아니다. 셀 수 없는 초급 사맥이다. 간혹 대맥으로 맥이 순간 잠시 멈추는 부정맥 현상이었다. 직감적으로 큰 문제가 있구나, 다시 왼손을 잡았다.

오른손과 다름없다. 이는 심장질환이 아니면 백혈병 징후라고 생각했다. 이미 개소주를 복용할 증세는 아닌 것 같다. 물론 한방치료나 나의 소관하고는 너무 멀다는 생각이 들었다. 어떻게 어디로 보내야 하는가에 대해 걱정이 든다. 나 자신이 당황이 된다. 진맥을 마치고 그래도 차분하게

"요즘 피로감이 심합니까?"

"네."

"혹 계단에 오르거나 좀 바쁘게 걸으면 호흡이 가쁜 것을 느껴 보셨나요."

"네!"

순천 성가롤로 병원이 가까이 있고 얼마 전에 동부권에서는 심전도 검사의 새로운 기기가 들어왔다는 것을 알고 있기에 지금 바로 성가롤로 병원으로 가셔서 검사를 받고 약을 짓는 것이 좋겠으니 "지금 다녀오십시오."라고 했더니 장모 되시는 분이 "왜? 무슨 문제가 있습니까?"

"아니, 확실을 기하기 위한 것이니까 염려하시지 말고 다녀오십시오."

보내 놓고도 마음이 놓이지 않았다.

초급형 삭맥에 대맥에 부정맥까지 불안한 마음을 가눌 길이 없었다. 오후가 되었는데도 그분들은 돌아오지 않았다. 분명히 염려가 현실이 되었구나 하고 생각하였다. 그 다음날도 돌아오지 않았다.

한 달쯤 되었다. 장모 되시는 분이 보자기에 무엇을 싸 가지고 약방을 찾아왔다. 궁금하던 차였기에 사위에 대하여 물어보니 내 손을 덥석 잡는다.

"선생님이 우리 사위를 살리셨습니다. 생명의 은인이십니다."

영문을 몰라 물었다. 성가롤로 병원에 가서 심전도 등 각종 검사를 하더니 백혈병 증세인 듯하니, 여기서는 안 되고 광주대학병원으로 가라는 진단.

세 사람은 아연실색이 되어 광주를 가려고 하면서 친척들에게 이 사실을 알려야 한다며 사위 즉, 서울에 사는 환자의 큰 형에게 연락했다. 연락을 하니까 광주를 가지 말고 바로 서울로 올라오라고, 바로 예약을 해놓겠다고 해서 서울로 올라가 연대 세브란스 병원에 입원하였다. 진단 결과, 백혈병으로 판명되었다. 듣는 순간 염려가 현실이 되었구나. 지금은 많이 호전되어 회복 중에 있다고 한다.

담당 의사인 교수님께서 "백혈병의 초기인데 초기에는 환자든 가족이든 거의 모르고 지나친다. 치료의 골든타임을 놓치는 경우가 대부분이다. 어떻게 발견하게 되었느냐"고 고개를 갸우뚱.

잘 아는 한약방에 가서 허약한 것 같아서 개소주라도 해먹일 마

음으로 가서 진맥을 하더니 약은 지어 주지 않았다고 하니

"그 한약방 선생님이 사위분 생명의 은인이시네요. 참! 영험하신 분이네요."

'생명의 은인'이라는 말을 두 번이나 하셨다는 것. 행운아라는 말까지 하셨다. 그러면서 보자기를 내놓는데, 시골에서 말하는 이바지떡. 받아놓은 약값 7만 원을 내 드렸더니 무슨 말씀이냐고 하면서 줄행랑치듯이 약방을 나가셨다. 지금도 그 약값 7만 원을 보관하고 있다. 나는 조용히 눈을 감고 하나님께 감사의 기도를 드렸다. 우둔한 저를 깨우쳐 주시고 바르게 판단하고 알선할 수 있는 지혜를 주신 것에 감사한다. 그 옛날 교수님께서 하시던 말씀이 떠올랐다.

이미 고인이 되셨지만 한의학계에서는 동양의 석학이라고 하시던 고 신길구(申信求)교수님. 자주 특강을 받았다.

"너희들은 장차 환자를 대할 때 한의학뿐만 아니라 의학의 진리라고 할 수 있는 '병불능살인이요, 약능살인'이라는 말을 잊지 말라. 병은 사람을 죽일 수 없어도 약은 능히 사람을 죽일 수 있다"라는 말.

또한 근대의학의 아버지라 불리는 파라셀수스 박사는 "모든 약은 독이 될 수 있다"라고 하셨다. 생명의 귀중함을 깨우치는 진리의 말씀이다. 보통 의료계나 의약업계가 특수한 질환이 아니면 처방전을 발행하거나 요구하는 약을 제공하는 것이 현실이다. 그로 인하여 약의 오남용이 있고 의료비 과다 지출도 있다. 때로는 체질과 증세에 맞지 않는 약을 요구하는 경우가 있다. 합당한 조치나 처방으로 바로잡아 주는 것이 국민 건강을 담당하는 의료계나 한방계의 소중한 책무라고 본다. 아찔했던 순간의 판단에 깊은 감사를 갖게 하는 사례였다.

나, 산삼 먹었네

1976년 초가을 어느 오후 4시경.

경찰관이 한 중년남자를 데리고 뒤에는 부인인 듯한 사람과 함께 나의 약방으로 들어 왔다.

의자에 앉은 남자는 두리번거리면서 나를 보다가 경찰관을 보고 또 부인을 보는데 눈동자가 정상과는 완연하게 다르고 약간 당황하는 듯 안절부절한 행동이었다.

함께 온 부인에게 전후 사정을 물었더니 동강면에 거주하는데 여름철부터 식욕이 없고 피로감을 많이 느껴 가을 추수 등 농촌 일손이 바빠지는데 싫어서 지인의 소개로 녹동에 있는 한약방에 가서 한약을 한 제 지어가지고 버스를 타고 오는 중에 갑자기 약봉투를 뜯어 한약을 우득우득 씹으면서 "나, 산삼 먹었다"라고 하면서 달리는 차 안에서 이리저리 왔다 갔다 하니까 차에 타고 있던 손님들도 놀라 불안해했다. 운전기사가 다른 손님들에게 피해가 될까 봐 풍양지서 앞에 차를 세우고 경찰관에게 인계하였다. 파출소(당시는 지서라 함)에서도 난감했다. 면내에는 병원도 없고 치료처가 마땅히 없었다. 한약방이 바로 파출소 옆에 있었으니 나의 업소로 데려온 것이다.

나이는 43세 키는 약간 큰 편이었고 체격은 마른 편으로 신경이 예민해 보였다.

한약방에서는 급히 복용할 안정제도 없고, 병원은 고흥읍까지 가야 하는데 나로써도 난감했다. 체질과 차 안에서의 행동으로 볼 때, 또 눈동자를 볼 때 순간적인 착란증이라고 판단했다. 병원으로 가더라도 안정을 시켜서 보내는 것이 좋겠다 생각하고 최면술을 걸면 안정될 것으로 보고 부인과 경찰관에게 우선 안정이 필요하니 최면술 치료법을 해보겠다고 고지하고 남자를 의자에 바르게 앉힌 다음 순간 최면을 걸었다.

최면술은 암시를 통하여 걸게 되는데 암시 중에는 색상이나 빛 등을 이용한 암시도 있지만 순간 최면은 언어 암시법이 가장 빠르고 편리하다.

최면술은 어린이나, 아이큐 즉 지능지수가 높은 사람이 잘 걸리며 노인분이나 거부감이 강한 사람은 최면술에 잘 걸리지 않는다. 정신분열이나 착란현상이 있는 사람도 대체로 잘 걸리는 편이다. 언어 암시를 통한 순간최면은 잠을 재우는 것이다.

계속되는 언어 암시에 의하여 남자는 잠이 들었고 암시가 강할

수록 더욱 깊은 잠에 들게 되어 있다. 20여 분 동안 언어 암시는 계속되고 잠은 더욱 깊어진다. 최면술의 언어 암시는 연속성 있는 언어 암시가 필요하다.

중간에 암시가 중지하게 되면 충분하고 깊은 잠에서 깨어날 수 있기 때문에 언어 암시는 계속된다. 너무 길게 잠을 재워서는 안 되기 때문에 20여 분 동안 잠을 재웠으면 이제는 깨워야 하는데, 깨우는 것은 쉬운 편이다. "자~ 이제는 잠에서 깨어난다. 깨어라!" 하면 눈을 뜨게 되는데 눈동자가 약방에 들어올 때 하고는 완전 달랐다. 정상이었다. 먼저 부인을 보고 "여보 우리가 왜 여기 있는 거야?" 경찰관을 바라보며 자신도 이상하다는 눈치였다. 완전 정상이 되었다. 다행이라고 생각하면서

"이제 안정이 되었으니 집에 모시고 가셔도 되겠습니다. 혹 다른 이상이 발견되면 병원으로 가십시오."

단 본인이 깨우치지 못하면 차 안에서 한약을 씹으며 "나 산삼 먹었네." 라고 한 행동이나 최면술 걸었다는 이야기는 하지 말라고 당부하고 돌려보냈다. 이를 지켜본 경찰관들도 신기하다는 듯 인사하고 돌아갔다.

그 일 후 일주일쯤 되었는데 그 부인이 약방에 찾아와서 그때는 경황이 없어서 치료비도 드리지 못하여 치료비도 드리고 고맙다는 인사도 드리려고 왔다는 것이다.

남편의 상황을 물어보니 언제 그랬느냐는 듯 아무 이상이 없고 차 안에서의 일이나 최면술에 관하여는 전혀 기억하지 못했다. 어제 그날 일을 이야기 하였더니 처음에는 전혀 믿으려고 하지

않다가 사실이었다고 하니까 "이상하네 내가 왜 그랬을까." 하면서 치료비 드리고 오라고 해서 왔다고 했다.

"치료비는 받지 않습니다." 라고 대답했고, 부인은 돌아갔다.

침구학 강의를 듣고 한방학을 공부할 때 종로 5가에 '한국심리연구소'가 있는데 그곳에서 최면술도 배울 수 있다는 친구의 말을 듣고 친구와 함께 2개월을 짧은 교육을 받고 최면술을 배워둔 것이 이렇게 요긴하게 응용할 수 있다는 것이 너무나 다행스러웠다.

옛말의 "배워서 남 주나"라는 평범한 말이 떠오르는 하루였다. 그 후 풍양파출소에서는 간혹 내게 피의자 조서를 받을 때 최면술을 이용하면 좋겠다고 요구하였으나 응하지 못했는데, 한때 최면술의 대가라고 소문이 자자하였다.

모든 질병은 약한 마음에 파고드는 힘이 있어 부정적 사고에 빠지면 결단코 병을 이기지 못한다는 명언을 남겨 주신 기원전 460년 전 현대의학의 아버지라 칭송받는 히포크라테스의 말씀이 오늘 우리에게 주신 명언인 듯하다.

모든 질병은 시대의 조류에 따라 발생한다고 한다.

우리는 극도로 예민한 세상에 살아가고 있기에 신경성 노이로제, 신경쇄약, 심계항진, 병말증, 불안, 초조, 가슴이 뛰고 벌렁거리며 작은 일에도 놀라고 조급해지며, 깊은 잠을 자지 못하는 불면증으로 불편을 호소하시는 분들이 많다. 나는 이런 분들에게 자기 최면을 권한다. 최면술이란 자기가 자기에게 행하는 최면이 가장 값지고 아름다운 것이라고 생각한다.

아울러 최면술은 현대인들에게 필요한 자기안정요법이다. 전문적인 기술이 전혀 필요하지 않고 누구나 가능하다. 자기최면 방법과 자세 그리고 가장 필요한 언어 암시에 대하여 기술코자 하니, 꼭 실행하여 보시기를 바란다.

먼저 자기최면의 자세는 편한 자세로 앉아 어깨의 힘을 빼고 양손을 무릎 위에 가볍게 놓고 눈을 지그시 감고 암시를 소리 내서 해도 되고 속으로 해도 되나, 가능하면 본인의 말이 본인에게 들리게 하는 것이 더 효과적이다. 기본 언어 암시는

"나는 나의 건강을 위하여 나에게 체면을 건다. 나는 나의 마음이 안정되기를 위하여 암시를 한다. 나의 마음은 평화롭고 고요하며 안정이 된다. 안정, 안정, 안정, 안정을 하자.(반복이 좋음) 세상이 고요하다. 주변이 평온하다. 대지가 조용히 잠든 듯 고요하다. 내 마음도 안정이 되고 고요하다. 잠이 올 것 같다. 아니, 잠이 온다. 잠이 온다. 일절 잡념이 없다. 걱정과 근심이 모두 사라진 것 같다. 사라졌다. 잠이 온다. 잠이 온다. 잠이 온다.(세 번 반복이 좋다) 점점 더, 점점 더, 점점 더 잠이 온다. 따뜻한 봄 햇살을 맞으니, 몸도 나른하고 잠이 온다. 하늘에 떠있는 뭉게구름은 유유히 떠있고 살랑바람은 나뭇가지를 흔들어 준다. 마음은 더욱 평온해진다. 안정이 된다. 세상이 평온하다."

그밖에도 언어 암시의 종류는 다양하다. 얼마든지 내용을 바꾸

어 사용할 수 있다는 것을 이해하면 된다.

한방의학의 석학 신길구 교수님은 "현대는 공 · 사약 전성시대다"라고 하였다. 공은 칠공 자, 사는 쏟을 사 자, 공 · 사약은 진통, 해열, 진정, 안정, 수면, 항생제, 썰파제, 진정제, 마취제, 소염제 등 헤아릴 수 없이 많다. 그래서 전성시대라고 했습니다. 공 · 사약이 없어서도 안 되겠지만 공 · 사약 가지고 모든 질병을 근본적으로 해결할 수는 없다.

최면술, 자기최면술을 활용해 보면 타인이나 식구를 위해서도 필요할 때가 있을 것이다. 어렵게 생각하지 말고 선하게 활용해 보기를 바란다.

불가능을 가능으로

평소에도 수분이 부족하고 건조한 상태로 전형적인 빈혈 체질인 45세 주부가 나의 약방을 찾아왔다. 얼굴은 심히 창백하고 체력은 완전 바닥인 것 같았다. 식욕도 부진하고 소화력도 불량하여 어지럼증이 심하며 피로감은 그림자같이 따라 다니는 현상이었다. 말할 수 있는 기운도 없고 앉아 있기도 힘들다는 것이다. 40세 이후부터 간혹 자궁 출혈이 있었는데 그때마다 산부인과 치료를 받으면 지혈이 되었다가 생리가 있으면 깔끔하게 종료되지 않고 보통 1주일 많게는 2주일 동안 출혈이 있었다고 하였다. 이미 산부인과에서도 자궁근종으로 진단을 받고 광주 전대부속병원에 가서 검진결과 역시 자궁근종으로 수술하기로 결정하였으나 남편이 대학교수로 재직하는데 여름방학을 이용하여 수술하기로 예약을 하고 그동안 출혈량도 많고 기력도 소진되었으니 수술하기 전에 기력을 회복하였으면 하고 약을 지으러 찾은 것이다. 진맥 결과, 기와 혈 모두 탕진되었고 저혈압이며 에너지는 고갈 상태고 식욕, 소화력 심지어는 삶의 의욕마저 잃어 위험한 상태에 가까웠다. 병원에서 수액도 여러 번 하였으나 부족함을 채우기에는 어려워 보였다. 완전 자포자기 상태였다. 수술하기 전에 체력을 끌어 올리고 소화력을 증진시켜 당장 음식을 섭취해야 되겠다는 생각과 지금도 간혹 출혈이 있기에 할 수 있으면 지혈도 해야겠다는 생각에서 십육미유기음에 녹용, 건강(초흑), 지유(초), 형개(초흑)를 가미하여 두 제를 복용하였다. 어찌하다 이 지경에 이르렀는지 측은한 마음까지 들었다. 수술하기 전까지 출혈을 지혈시키고 체력을 회복하여 예정대로 수술을 받고 수술 후 회복을 위하여 도움이 될 수 있기 위하여 두 제의 약을 복용케 했다.

복용 후 한참 동안 연락이 없었다. 예정대로 수술을 받았는지?

회복하는 데는 차질이 없는지? 궁금하게 생각하고 있던 어느 날, 두 사람이 약방에 들어오는데 전과는 달리 얼굴에 웃음을 띠고 표정이 밝아 보였다. "아니, 방학 동안에 수술하신다고 하지 않았습니까? 어떻게 된 일입니까? 라고 했더니 그 부부는 의자에 앉으면서 남편께서 호주머니에서 봉투 하나를 탁자 위에 내놓으면서 난데없이 "이 돈 만큼 약을 지어 주십시오."라는 것이다. 영문을 모르는 나는 "수술을 못하신 것입니까?"라고 묻자 오늘이 수술 예약일이라 2일 전에 뜻하지 못한 이변이 일어났다. 오늘 담당 교수가 불러서 면담을 했는데 두 달 전에 촬영한 사진과 오늘 촬영한 내용이 100% 다르다며 두 달 전에 수술할 수밖에 없었던 자궁근종이 감쪽같이 사라졌다면서 담당 의사도 도저히 이해할 수 없다고 하면서 두 번, 세 번 확인을 해봐도 자궁근종이 없어진 것은 사실이라는 것이다. 수술하려고 했던 두 사람은 뛸 듯이 기뻐하며 광주에서 내려오면서 약방으로 바로 들렀다고 하면서 약을 지어 주라는 것이다.

남편과 환자도 그동안 일반 산부인과에 간 적도 없고 별다른 치료 없이 내가 지어준 한약을 열심히 달여 먹으면서 수술하기 위한 준비만 했는데 자궁근종이 없어졌다니 이는 분명히 한약의 효과라고 하면서 우리가 좋은 분을 만나서 횡재를 한 것이라고 하면서 자궁근종에서 벗어난 기쁨에 흠뻑 고무되어 있었다. 한참동안 나를 어리둥절하게 만들었다. 나는 다시 생각해도, 그 말이 좀 믿을 수 없어 다시 확인해 보았으나, 틀림없는 사실이었다. 처음에는 "혹 이 사람들이 수술하기가 겁이 나서 나를 속이는 것 아닌가?"라는 생각까지 했다.

그러나 두 달 전 수술하기로 진단한 환자의 자궁근종은 두 달 후에 감쪽같이 없어져 수술할 필요가 없다는 담당의사의 진단은 사실이었으니 도대체 어떻게 된 일일까? 궁금증은 좀처럼 풀리지 않고 도대체 어떻게 된 일일까? 도리어 꼬리를 물고 있다. 전에 지어준 처방을 다시 살펴본다. 약재 하나하나 성분을 분석해 보기도 하였다. 분명 처방한 것은 가미 십육미유기음(加味 十六味流氣飮)에 녹용(鹿茸) 2돈에 건강(炒黑) (초흑이란 검게 볶는다는 것) 형개(초흑) 지유초(초흑) 숙애(초흑) 각 1돈 반뿐인데 본방에는 소엽, 인삼, 당귀, 천궁, 계피, 후박, 백지, 방풍, 빈랑, 목향, 감초, 길경, 현호색(초)산사육, 향부자(초) 하나하나를 부르며 살펴본다. 하여튼 변함없고 거짓 없는 사실은 수술하기로 진단된 자궁 근종이 두 달 만에 한약을 처방한 나 자신도 믿기지 않는데 이를 어떻게 정의할 수 있을까? 나는 이 환자의 특별한 예를 기록하면서도 보는 자 특히 한방에 종사 하시는 분들이 그럴 수 있느냐 무엇인가 거짓이 포함되어 있는 것 아니냐 라고도 할 수 있어 몹시 망설였으나 이는 거짓 없는 사실이었다. 결론에는 우리 한방의 위대함을 보여준 것이라고 생각하면서 한약을 복용하신 환자분의 이야기가 지금도 머리에서 떠나지 않고 맴돌고 있다.

"저는 어떠한 질병이라도 선생님이 지어 주신 약으로 치료될 수 있다고 생각합니다." 부정적 의식과 긍정적 의식의 차이는 불가능을 가능으로, 불치에서 완치로, 어둠에서 빛으로, 불행에서 행복으로 바꿀 수 있는 초인적 힘과 능력을 가지고 있다는 사실이 지금 이 시간까지도 마음에 굳게 자리하고 있다.

침구학은 미래의학의 보석이다

침과 뜸. 즉 침구학은 고대 동양의학의 절대적 유물로서 서양의학의 눈부신 발달을 이룩한 현대에는 이미 존재 가치를 상실하였다고 생각하는 경향이 많으나 이는 크게 잘못되고 그릇된 생각일 뿐이다.

침구학이 잘못 인식된 것은 이조 말 서구문화가 전래하면서부터 고대문화를 멸시하고 신학을 숭배한 나머지, 무엇이나 진리는 서구문화만 존재한다고 믿어 한국 및 동양문화는 무용지물로 돌리고 그 자체의 가치를 과학적으로 검토하려고 하지 않았던 소위 문화인들의 태만의 결과였으나, 침구학은 분명 땅속에 묻혀있는 의학적 보석으로 그 보석을 발굴하여 과학적으로 하나하나가 증명되면서 새로운 관심과 각광을 받게 된 것이다.

세계의학의 모태라 할 수 있는 독일, 불란서 등지에서는 침과 뜸은 새로운 의학이며 장래를 보장할 수 있는 의학의 보석으로써 참된 가치를 인정받고 있다.

독일의 유명한 의학자 '헤리베르트슈미트' 박사는 침구학이 동양에서는 의학의 유물이라고 할지 몰라도 서 · 구라파에서는 새로운 의학! 장래 의학이라고 그 가치를 높이 평가하고 있다.

"피부는 내장의 창문" 이라고 한다 침은 극히 작고 가느다란 금속침으로 피부, 또는 피하조직에 자입(刺入)하여 병을 치료하는 것을 말하며, 뜸은 피부 위에 극히 작은 쑥을 붙이고 그것을 태움으로써 병을 치료하는 것을 말한다. 침은 체내 특정한 자리 즉 경혈(經穴)이라는 자리에 침을 자입하므로 기계적인 자극을 통하여 변화를 일으키고, 뜸은 역시 특정한 경혈, 즉 혈자리에 쑥으로 피부를 태움으로써 온열적인 자극을 통하여 신경이나, 조직에 자극을 주어 그 자극의 반사로 뇌, 척수, 신경계통이나 자율신경계통에 작용하여 변화를 주는 것을 말한다.

신체 부위의 특정 부분은 특정의 내장과 직접적인 관계를 가지고 있기 때문에 내장에 이상이 있으면 피부특정부분에 반응이 나타난다. 그 특정부분에 시침을 하거나 뜸을 뜨면 질병이 발생한 장기의 기능을 촉진하거나 억제함으로써 분비선의 기능 작용을 촉진 내지 억제함으로 내장 신경의 불균형을 균형 있게 조절해 주는 것이다.

침을 피하에 자입하게 되면 세포나 신경에 자상을 일으킨다. 이 자상된 조직이 분해되어 체내에 '콜리에스테라제'라는 물질이 만들어져 이 물질은 자율신경계의 활동에 의하여 생기는 '아세틸콜린'이 많아지면 질병이 발생을 촉진하여 특히 천식, 복통, 위산과다, 위궤양 등의 질병이 발생하게 되어, 이 물질을 분해, 또는 제거하는 힘을 가지고 있다.

뜸은 온열적 자극요법으로 특정 경혈에 쑥으로 피부를 태움으로써 작은 화상이 생기는데 그 화상으로 인하여 화상 독소가 생기면서 체내에 "히스토트키신"이라는 화학물질이 생긴다.

히스토트키신이라는 물질은 고혈압, 동맥경화, 빈혈, 담마진 트라코마등의 질병을 억제하거나 치료하는 힘이 있다.

옛 침구학자들은 뜸을 자주 뜨는 사람은 중풍에 걸리지 않으며, 2시간이 지나면 약 두 배로 증가하므로 체내의 살균작용과 항균작용 두 배의 힘을 가지게 된다. 적혈구도 함께 증가하여 혈색소가 많아진다. 그러므로 뜸은 면역력을 높여주는 큰 힘을 가지고 있다. 침구학계에서는 곡지혈과 족삼리혈을 중풍을 예방하고 무병장수혈이라고 한다.

피부에 종기가 발생하면 종기의 가장자리에 3~5번만 뜸을 떠도 바로 완화되는 것은 백혈구의 증가 효과이다.

빈혈이 심한 체질에 뜸을 뜨게 되면 혈색소 증가로 빈혈 증세를 완화, 근본적으로 해결할 수 있다.

약물이란 하나를 치료하기 위하여 또 다른 부작용을 가져올 수 있다고 볼 때 대조되는 부분이 침구학이다. 즉 약물에 의한 치료가 아닌 자연적인 치유법이라 할 수 있다. 맥립종(눈다래끼)이 자주 발생하게 되면 시력 저하나 점막 파손 등으로 제2, 제3의 안과

경혈이란 신체의 특수한 자리에 침이나 뜸을 뜰 수 있는 자리로 이를 경혈이라고 한다. 인체에는 12경락과 임 · 동맥경 등 14경락이 있고 경락에 분포된 경혈은 정혈 365혈과 그 외 천응혈 등 600여혈이 있다. 큰 박 두통에 경혈도를 조각해 보았다.

질환이 발생할 수 있는데, 항생제나 소염제가 아닌 양손에 위치한 네 군데에 세 번 이상 뜸을 맞으면 평생 맥립종이 나지 않는다고도 한다.

또 편도선염에 천정혈(흉쇄유양근 외편) 천돌혈이나 염천혈에 시침하면 침을 빼기가 무섭게 완화된다. 기타 각종 위장질환 특히 식체로 소화불량, 편두통, 후두통, 슬관통, 요통, 견갑신경통, 관절통에 진통제를 의지하지 않고 가벼운 시침으로 기대 이상의 효과를 가져올수 있어 누구든지 전문가에게 한 달 동안만 기본교육을 받아도 가정에서 가벼운 증세는 산뜻하게 치료할 수 있다는 장점이 있다.

가정의 의료비 절감은 물론 불편성을 해결하고 고통도 덜게 된다면 국가적으로나 가정적으로 부담 없이 해결할 수 있기에 정부의 특별한 정책과 국민적 관심이 필요하다고 할 수 있다.

내가 고흥군 풍양면에서 한약방을 경영하면서 쑥 뜸, 모임을 주선하여 인기 있게 실시한 적이 있었는데 면내 각 기관에 근무하는 자들로 구성 · 조직하여 일과 후나 휴일을 이용하여 우리 한약방에 모여, 각기 불편한 부분에 따라 제가 혈 자리를 잡아주고 뜸 뜨는 요령을 가르쳐 주고 두 사람이 짝을 지어 서로 뜸을 떠 주는 식으로 강의를 했더니, 효과도 있고 본인들보다도 가정식구들이 반가워했다고들 한다. 술도 적게 먹고 일과 끝나면 파트너와 함께 와서 뜸을 뜨기도 하였다. 권장해 보고 싶은 모임이었으나, 동의보감을 편찬하신 구암 허준 선생님께서는 사람은 체질 관리만 잘하면 4만 3천2백여 일, 즉 120살까지 살 수 있다고 하셨다. 침(타액)을 뱉지 않고 삼키면 정기를 몸 속에 보존하게 된다고 하셨다.

100세 시대 국민 건강 향상을 위한 의학적보물인 침구학을 널리 보급하고 정확하게 실시함으로서 건강한 가정, 건전한 사회를 만들 수 있을 것이다.

침과 뜸을 결코 무섭거나 위험한 존재가 아니다
알고 보면 가장 친숙하고 믿을 수 있는 자연치유의 보물이다
오늘날 의료비 부담이 국가적으로나 가정적으로 행복을 좀먹는 요인으로 자리 잡고 있는 현실에 고대의 사라진 유물이라 치부하지 말고 가정마다 직장마다 침과 뜸이 필수품이 된다면 새로운 건강비결책이 될 것이다

인체에는 12경락(열두 달)과 임맥경 · 동맥경으로 14경락이 있고 365혈(이는 365일)이 있으며, 그 외에도 천응혈, 기시혈등으로 인체에 600여 혈이 골고루 분포되어 있다.

침구학은 학설마다 다소 차이가 있으나, 근본적으로는 큰 차이가 없다.

건강보물을 가까이 하는 건강국가, 건강국민, 건강가정이 되기를 바란다.

3

제자 사랑, 아들 사랑

사랑의 회초리

충남 보령시 주포면에 주포 초등학교.

5학년 2반 어느 초가을날.

평소에는 숙제를 빼놓지 않고 잘해 갔던 편이다. 그런데 이날은 무슨 까닭인지는 정확하게 기억할 수 없으나, 숙제를 못한 채 학교에 갔다.

왠지 마음이 편하지 않았다. 불길한 예감도 들었다.

아니나 다를까. 첫 시간에 숙제 검열을 한다. 이상현 담임선생님의 불호령이다.

"숙제 못한 놈들은 모두 앞으로 나와."

불호령이 떨어졌다. 큰일났구나! 왜? 하필 오늘 같은 날 숙제를 안 했을까?

후회가 되었으나, 이미 때는 늦었다. 떨리는 가슴을 부둥켜안고 앞으로 나갔다.

숙제를 못한 친구는 여섯 명.

당시에는 공민학교가 있었다. 취학기에 입학하지 못한 학생들이 다니던 학교다.

교육 방침의 개정으로 공민학교제가 폐지되고, 초등(국민)학교로 편입되었다.

편입생들의 나이가 보통 3~4세 많았고, 6세 많은 친구도 있었다. 편입생들이 숙제를 못하는 경우가 많았다. 또 편입생들이 들어오면서 숙제에 대한 검열도, 체벌도 더욱 강화되었다.

역시 오늘도 다섯 명의 편입생과 그리고 나였다.

선생님께서는 한 친구를 시켜 아카시아 회초리를 가져오라 하신다. 일렬로 세워 놓고 한 사람씩 불러내 숙제 못한 사유도 묻지 않는다.

"종아리 걷어."

한 학생에게 5,6대씩 인정도 사정도 없이 내리치셨다.

나는 네 번째 서 있다. 종아리를 맞은 친구들은 붉은 선으로 멍든 종아리를 붙들고 비틀거리며 울먹이기도 한다.

드디어 내 차례.

"윤기중 나와." 발길이 떨어지지 않는다.

두근거리는 마음으로 선생님 앞으로 나갔다.

순간 선생님의 표정은 이미 상기되어 있었고, 용서나 관용의 기미는 찾아볼 수가 없었다. 피할 수도 없는 막다른 길. 몹시 떨려 나도 모르게 포기하고 자복하는 마음으로 바짓가랑이를 잡았다.

그런데 그렇게 상기되셨던 표정의 선생님이 귓속말처럼 조용히

'왜? 숙제를 안 했니?'라고 하신다. 순간 예외라는 생각이 들었으나, 물으시는 선생님의 말씀이 귓가에 제대로 전달이 되지 않았다.

선생님은 다시 물으셨다.

거짓으로 핑계를 들어 대답을 했을 텐데, 지금도 그 이유를 기억할 수가 없다.

선생님은 그래 수긍하시는 듯 고개를 끄덕하신다.

"손바닥 내봐."

듣는 귀가 의심이 되었으나, 명령대로 손바닥을 내밀었다. 내민 손바닥은 겁에 질려 가벼운 경련과 함께 떨고 있었다.

입을 일자로 굳게 다무신 선생님은 회초리를 힘껏 들어 머리 위로 올리신다.

제 손바닥에 내려놓으시듯, 세 번을 반복하시고 들어가라고 한다.

의외였으나, '살았다'라는 생각과 함께 이상한 감정을 느꼈다.

체벌에 대한 형평성 논란이 될까 봐 그러셨는지

"너희들이 알다시피 윤기중이는 평소에 숙제를 잘해 왔는데, 어젯밤에 어머니께서 몹시 아프셔서 숙제를 못한 것 같다. 다음부터 잘해 오기 바란다."라고 대변해 주셨다.

기억은 없지만 어머니께서 아프시다고 한 것 같지는 않다.

채벌에 예민한 반 친구들이 수군거렸다.

"기중이는 선생님이 봐 주신다. 너는 좋겠다."

부럽다고 하는 소리도 나는 조롱하는 말로 들렸다. 부끄럽기도 하였다. 하루 종일 우울하고 불편한 마음이다.

수업을 마치고 힘없는 걸음으로 터덜터덜 땅만 보고 걸어간다.

선생님 사택 텃밭에서 일하시던 사모님께서 “기중아, 기중아.” 부르시며, 이리 좀 오라고 하신다.

순간 사모님께서 부르실 일이 없는데, 도대체 무슨 일일까?

궁금하면서도 피해의식 때문일까? 오늘은 참으로 재수 없는 날이구나. 생각했다.

오전에는 숙제를 못해서 선생님께 야단맞고, 친구들의 조롱거리가 되었다. 오후에는 사모님께서 부르신다. 보통 어른께서 부르시면 칭찬보다는 야단치실 일이 많다.

불안감 속에 사모님을 따라 사택으로 들어갔다.

그런데 사모님께서 방으로 들어가 있으라고 하신다.

야단치실 일이 있으시면, 이곳에서 치시지 방으로 들어가라 하신다. 약간 겁도 나고 크게 혼내실 일인가 보다 생각했다. 모든 것을 체념하고 방에 들어가 한참을 기다려도 별다른 조치가 없다. 더욱 궁금하고 염려가 되었다.

그때 사모님께서 밥상을 들고 들어오신다.

“너, 오늘 도시락도 못 싸왔지? 배고프겠다. 어서 먹어라.”

나의 예상은 우둔하리만큼 180도 빗나가고 말았다.

밥상 옆에 앉으신 사모님의 말씀이 또 한 번 놀라게 했다.

“너, 오늘 숙제 안 했지?”

선생님께서 점심식사 하러 오셔서 “기중이가 평소에는 숙제를 잘해 왔는데 오늘은 못해 왔네. 다른 애들과 함께 매를 때리고 나니, 내 마음이 편치 않아. 이따 집에 갈 때 불러서 밥이라도 먹여 보내면 아픈 마음이 풀리지 않을까?” 하셨다는 말씀.

1959년 여름방학 음악시간에 찍은 이상현 선생님

기산 이상현 선생님은 한평생 서예와 한국화에 정열을 바치셨다.

1972년 붓과 서화첩을 보내주셨는데
대필을 쓰지 못하고 지금까지 소중하게 간직하고 있다.

1999년의 선생님의 모습

사모님의 말씀을 듣고 마음이 울컥 눈물이 핑 돌았다.

얼른 먹으라고 수저를 손에 쥐여 준다. 처음 보는 성찬에 보리가 약간 섞인 쌀밥.

명절에도 생일날에도 먹어보지 못한 진수성찬이다.

어떻게 먹었는지도 모르게 허기진 배를 채웠다. 집에 오며 생각하고 또 생각해도 이해가 되지 않았다. 분명 선생님께서는 사모님께 거짓을 고하신 것이다.

다른 친구들처럼 종아리를 치시지도 않고, 손바닥에 가벼운 체벌을 하셨는데, 왜, 매를 치셨다고 하셨을까?

아무리 생각해 봐도 정확한 답을 찾을 수가 없었다.

집에 오면서 다짐하고 또 다짐하였다. 앞으로 어떠한 일이 있어도, 숙제만큼은 절대로 빼먹지 않겠다고.

평소보다 조금 늦게 집에 돌아오니 할머니께서 왜 늦었냐고 하신다. 오늘의 사연을 차마 말씀드리지 못했다.

집에 오자마자 얼른 숙제부터 하던 습관은 졸업할 때까지 변하지 않았다.

이상현 선생님은 5학년에 이어 6학년까지 담임을 하셨다. 친구들은 우리 학교에서 가장 무서운 선생님이라 한다. 나에게는 무서운 선생님이 아니라, 가장 따뜻하신 선생님이셨다. 사모님도 가상 정이 많으신 분으로 자리한다.

이상현 선생님은 음악, 미술, 습자(서예, 붓글씨)를 잘하신다. 그러므로 각 학년 교실마다 환경 정리를 도맡아 하신다. 그때마다 벼루에 먹을 갈아 드리고 물감에 쓰실 물도 떠다 드렸다. 각 교실을 따라 다니며, 선생님 뒷바라지를 해 드렸다.

5학년 때부터 선생님의 지도하에 습자부(서예부)에 들었다. 열심히 지도 받은 덕으로 보령시에서 실시하는 초등부 습자 경연대회에 출연하여 입상하기도 하였다.

충청남도에서 주최하는 습자 경연대회에 출전자를 선정하였다. 그 당시 우리 습자부에서는 내가 생각할 때 조변환이라는 친구가 제일 잘 쓴다고 여겼다. 이번 대회는 변환이가 선정될 것이라 생각했다.

선생님들 교무회의에서 변환이가 아니라 내가 선정되었다고 하셨다.

어린 마음으로도 도저히 이해되지 않았다.

한편 그 친구에게 미안한 마음도 들었을 뿐 아니라, 혹, 선생님께서 편애하신 것 아닌가라는 생각마저 들었다.

지금까지도 그 친구에게 빚진 마음을 지울 수가 없다. 미안한 마음은 더욱 크게 자리하게 되었다. 친구에게 고백하지 못한 것이 못내 아쉬움으로 남아있다.

2019년도 대한민국 국전 서예부에서 지산 이정원 친구가 특선의 영광을 우리에게 선물하는 가슴 벅찬 일이 있었다.

이 모두가 이상현 선생님의 지도력의 은덕이라 생각하니, 하늘나라에 계신 선생님께서도 크게 기뻐하시리라 생각한다. 그 기쁨이 두 배가 되었다.

성장하여 사회생활을 할 때에 힘들고 어려울 때, 먹을 갈아 붓

선생님께서 1994년 8월 18일 제자 종호, 변환, 윤기와 함께 순천에 오셔서
낙안민속촌, 상사댐, 여수 오동도를 관람하시고 오동도 잔디 위에서 포즈를 취하셨다.

1994년 제자들과 상사댐에서 사진에 담으시다.

十三.孝道.	十三.효도.
1.侍養子之孝.	1.시양자의 효도.
弟子中有尹箕重.	제자중 윤기중이란 제자가 있으니.
甲辰之年春日逢.	갑진년[1964] 봄날 이였다.
母子共來酒肴持.	술과 안주를 가지고 모자가 같이 와서
父子之間因緣縫.	부자 지간의 인연을 맺었다.
其後正八月名節.	그후 정월 팔월 명절날이면.
安否便紙與錢送.	안부 편지와 같이 돈이 부쳐 온다.
春秋不失送禮物.	춘추에는 잊지 않고 안부 편지와 같이 예물이 오며.
吾之生日亦物送.	내 생일에도 또 편지와 예물이 온다.
如是盡孝於親子.	이렇게 친자식 보다 더 효도 하니.
親子感動極讚頌.	친 자식들이 감동하여 극찬 본 받더라.
我古稀宴譽讚誇.	내 고희연 자리에서 예찬 자랑 했더니.
拍手喝采皆賓頌.	모든 손님 박수갈채로 찬양하더라.
得時來遊懇切願.	시간내어 놀러오기를 간절히 원하여.
數名弟子同去逢.	수명 제자들과 같이 놀러 가서. [조변환.유윤기.최종호]
麗水順天遊覽觀.	여수 순천 등지를 유람 관광하여.
二泊三日娛遊送.	이박 삼일간 즐겁게 놀다 돌아왔다.

*箕(키기). 肴(안주효). 喝(목쉴갈). 采(일채).
縫(꼬맬봉). 誦(욀송). 誇(자랑과).

선생님께서 중국과 백두산 관광을 하시며
임진강이라는 한시집을 3집까지 편찬하셨는데 시양자 효도라는 시를 쓰셨다.

을 잡으라고 하시며 붓과 먹을 보내 주셨다.

1972년도에 보내 주신 대필, 붓 끝에 필단조화(筆端造化)라고 쓰여 있다.

새겨진 큰 붓은 아까운 마음에서 지금까지 한 번도 먹을 묻히지 못하고 그대로 보관하고 있다.

초등학교를 졸업하고 2~3년 동안은 선생님과 소식 없이 지냈다.

어느 날 불현듯 선생님 생각이 났다. 주포 초등학교로 편지를 드렸다. 대천에 있는 대성 초등학교로 전근 가셨다는 소식. 그래도 한동안 뜸했다.

가장 무서운 선생님이 나에게는 가장 선하신 선생님!

손바닥에 사뿐 매를 주시고도 마음 아파하시고, 사모님께 밥을 먹게 해주신 분.

잘 쓰지도 못하지만 경연으로 연마 시키려고 하셨던, 사랑의 선생님.

내가 낳은 아들은 아니지만, 우리 집 장자라고 친구 분들께 자랑하셨던 선생님.

5,6학년 2년간 인연의 끈은 끊어지지 않고 더 진한 사랑의 여정으로 오랫동안 아름답게 수놓을 수 있었다. 제 삶에 큰 행복이며, 사랑의 변하지 않는 교훈이었다.

* 1999년 임진강, 한시 제 1집을 출판하셨다.
  제13, 효도라는 제목의 한시에, 자랑할 것 없는 제자인 필자를 소개하셨다.

사랑을 담은 메모지

꼬불꼬불 비탈길을 돌아 수십 계단을 오르면, 청량리 종합 중·고등학교 뒤 언덕바지에 한 평 반 정도 되는 작은 자취방. 부엌에는 연탄 피우는 아궁이와 사과 상자를 옆으로 놓고 신문으로 문을 대신한 찬장뿐,

늦은 시간 힘없이 걸어 자취방에 도착했다.

허기를 해결해 줄 것이 없음을 알면서도 부엌에 들어가 찬장문인 신문을 열어본다. 간혹 전농동에 사시는 이모님께서 김치나 간식을 갖다 주시기도 하고 이웃에서 내가 늦게 들어오는 날에는 간식을 갖다 놓으시는 경우가 있어 혹시나 하는 마음으로 신문을 열자 노란 종이봉투가 있었다.

"시내에 나왔다가 네가 보고 싶기에 왔더니 집에 없구나. 밤늦게 다니지 말고 끼니는 꼭 챙겨 먹도록 하여라. 다음에 또 오마."

선생님께서 다녀가신 것이다. 짧은 메모는 나의 마음을 흔들었다.

선생님의 현재 생활이 떠오른다. 여덟 식구에 버스비도 아껴야 할 때 우유나 빵을 왜 사오셨을까?

원망 아닌 원망에 눈물이 핑 돈다. 허기는 이미 멀리 날아갔고 머리에 떠오르는 것은, 내 손에 돈이 있다면 먼저 단칸 셋방을 해결하고 싶고, 용돈도 드려 활동하시는 데 불편 없이 해 드렸으면….

현실로는 불가능한데도 온갖 구상과 헛 그림을 그려 본다. 지나온 옛날들이 눈앞에 스쳐간다.

숙제를 못해 체벌 받던 일, 그 체벌로 마음이 아파하셨고, 도리어 식사도 제공 받았었고, 빈손으로 상경하셔서,

"그래도 너와 가까이 있으니 좋구나." 하시던 일들이 생생하게 떠오른다.

나는 받기만 하고 드린 것이 없었다.

선생님의 크신 사랑과 분에 넘치는 염려, 당부의 말씀이 고스란히 당겨진 메모지 한 장, 그 메모가 내 마음을 한없이 조이며, 깊이 파고든다. 온갖 시름에 잠겨 지친 육신은 잠에 빠지고 만다.

끊어지지 않는 사랑의 끈

1969년 나는 한약업사 시험에 합격했다.

전남 고흥군 풍양면에서 만 22살 어린나이에 월계당 한약방을 개설하였다.

부모님과 형제들은 물론, 서울에 계시는 초등학교 5,6학년 때 담임이셨던 선생님께서 제일 기뻐하셨다.

붓과 서첩도 부쳐 주시면서 힘들고 어려울 때에는 먹을 갈아 글씨를 써 보라는 당부의 말씀도 주셨다. 지금도 그 붓을 아까워 쓰지 못하고 고이 간직하고 있다. 해마다 선생님의 생신일이면 하루 전에 고흥에서 서울로 밤 열차를 타고 올라갔다. 생신 아침을 함께 하고 내려오곤 했다. 당시에는 서대문구 대조동 작은 단독주택에 사셨다. 치음 서울 오셨을 때의 생활에 비하면(그때는 방 두 칸 셋방)많이 좋아지신 편. 생신 아침 식사를 함께하고 먼 길이라 내려와야 한다. 대조동 본댁의 대문 밖에는 계단이 셋이 있다. 그 계단을 내려올 때 당신은 술 한 잔 잡수셔서 힘이 없으면서도

"기중아, 계단이 세 개다. 조심하자."라고 하시며 그래도 나를 잡아주시는데 나는 도리어 더 힘이 들었다. 그래도 나를 잡아 주지 않으면 불안하신 것이다.

계단을 내려오시면서 "이 놈의 계단을 당장 없애야 하는데."라시며 계단을 원망하신다. 서울역으로 오기 위하여 택시를 잡기 위해 도로가에 서 있으면 저 멀리서 버스 한 대가 와도 "기중아, 저기 버스 온다. 조심하자."라고 하시며 저를 잡아 주신다. 예나 지금이나 서울에서 택시 잡기는 쉽지 않았는데 버럭 화를 내시면서 "내가 지금 하고 있는 일만 잘되면 당장 차부터 사야겠다. 일년에 한 번씩 올라오는 너를 생각하면 당장이라도 사야 하겠는데." 라고 하시며 또 택시를 원망하신다. 차를 사신다는 것은 전혀 불가능한데도 선생님은 동양화를 그리고 글씨를 쓰셨다. 새로 그린 그림이 있어 큰 아들 재형이에게 "저 작품 요즘 그리신 것이냐? 참 좋다."라고 했더니 옆방에서 좋다는 말을 들으시고 후다닥 들어오신다.

"기중아! 그 그림이 마음에 드냐?"

"네! 참 좋습니다."

"재형아 그거 액자 떼내고 그림만 형 줘라. 액자까지 가져가려면 힘드니까."

그저 무엇이든지 못 주셔서 애가 타신다. 더욱이 내가 좋아하는

것이라면 어떤 것이라도 주시겠다는 마음이심을 너무나 확실하게 읽을 수 있었다. 그 뒤로는 좋다는 말을 하지 못했다. 농촌 지역인 풍양면에서는 보내드릴 것이 마땅치 않았다. 몇 년 후 매곡 간척단지 논을 사게 되었다. 내 손으로 지은 것은 아니라도 내 논에서 생산된 쌀을 보내드리고 싶은 마음. 해마다 농사지은 쌀을 제일 먼저 서울로 보내드렸다. 교사 생활을 오래하셔서 기관지가 좋은 편이 아니시라 가정차로는 유자차가 좋겠다는 생각을 해서 해마다 빠짐없이 보내드렸다. 식구가 8명이나 되니 쌀 한 가마니라고 해도 금세 떨어진다. 유난히도 내가 보낸 쌀로 밥을 지으면 쌀이 좋다고 하신다는 말을 재형이 부인에게 간혹 들었다.

유자차도 참 좋아하신다고 하였다. 내가 보내드린 쌀아 떨어진 지가 한 달이 넘었다. 어떤 때는 쌀이 좋거나 또 밥이 잘 되어 선생님 입맛에 맞으시면 "아가! 이거 기중이가 보낸 쌀이냐? 밥맛이 참 좋다. 역시 쌀은 기중이가 보낸 쌀이 최고다." 라고 하시면 며느리는 "아니요."라고 하지 못했다는 것. 어느 날은 밖에서 들어오시면서 "아가! 기중이가 보낸 유자차 있으면 한 잔 줄래." 며느리가 당황하여 "떨어진 지가 한참 되었는데요."라고 하면 "에~이 아껴 먹을 것 그랬구나." 하신단다.

한 번은 재형이 부인하고 통화를 하는데 "아버님은 불현듯 시숙님이 생각나시면 보내주신 쌀이나 유자차를 찾으시는 것 같아요."라는 말을 듣고 가슴이 뭉클하게 진한 사랑을 느낄 수 있었다. 연년이 쌀도 보내드리고 유자와, 마늘 주산지인 고흥의 마늘도 보내드렸다. 하지만 그분이 베푸시는 사랑과는 비교할 수가 없다는 생각에서 매번 민망함을 가졌다. 사실은 초등학교 5학년 때, 어머니께서 선생님을 찾아 뵙고 "불쌍하고 애처로운 자식 입니다. 선생님께서 자식같이 보살펴 주셨으면…." 하고 말씀드렸다. 선생님께서도 내가 낳은 자식은 아니지만 내 자식같이 잘 가르치겠다고 하셨다는 말씀을 들은 기억이 있었다.

사랑은 영원한 것. 불꽃같이 타오르는 꺼지지 않는 것이라는 걸 느끼게 한다. 끊어지지 않는 사제지간의 싸랑의 끈.

닭과 3일간 사투

초등학교 5학년 어느 여름날 일요일 오후.

부모님과 온 식구들이 밖에 일하러 가면서, 앞마당에 널어놓은 보리를 닭이 쪼아 먹지 못하게 하라는 일을 맡겨 주었다.

평소에도 나는 몸이 불편하여 어린 동생들까지 일손을 돕고 있었다. 하지만, 나는 집에 있으면서, 집안일을 돕는다. 오늘은 닭과 싸우는 임무를 맡았다.

한 마리의 닭을 쫓아내면 다시 달려들기를 반복한다. 귀찮기도 하고 밉기도 하였다. 자주 일어서기도 불편하여 꾀를 냈다.

긴 대나무 끝을 닭이 나타나는 곳을 향해 놓았다. 닭이 가까이 오면 대나무를 들어 쫓기를 여러 번. 조금 전에 쫓아냈던 그 닭이 나타나기를 수차례. 거듭하니 약이 오르고 화가 치밀어 올랐다.

이번에는 혼 좀 나봐라. 다짐하고 있는데 닭이 대나무 끝 쪽에 가까이 오기를 기다려 대나무를 힘차게 휘둘렀다.

그런데 이게 어떻게 된 것일까?

닭이 꽥 하는 소리를 내며 달아나는데, 그때마다 보리가 뚝 뚝 떨어지는 것이다.

자세히 살펴보니 뾰족한 대나무의 예리한 끝. 닭의 가슴을 치면서 가죽과 밥통 즉, 위장을 관통하여 모래주머니가 찢어진 것이다.

순간 큰일 났구나. 닭을 쫓으라고 했지, 밥통을 터트리라고 하지 않았다. 이를 어떻게 할까? 더욱이 그 닭은 날마다 알을 낳아 주는 효자 닭이다.

당시에는 계란은 농촌 생활의 작지만 소중한 하나의 수입원이기도 하였다.

가게에 계란을 갖다 주면 연필이나 공책으로 바꾸기도 하였다.

닭의 가죽과 밥통이 터졌으니 죽을 것이라 생각했다. 나로서는 감당할 수 없는 실수요, 큰 범죄자가 된 것이다. 겁도 나고 불안하며 후회와 쫓기는 조급함이 함께 몰려 왔다.

식구들이 돌아올 시간은 다가온다. 도저히 방법이 떠오르지 않던 중, 우선의 위기를 모면하기 위하여 바늘로 꿰매 보자 하는 생각이 선뜻 들었다.

바늘에 실을 꿰어 닭을 잡으려 하였으나, 잡을 길이 없었다.

쫓아가면 도망가는데 그럴 때마다 보리는 계속 튀어 나왔다.

한참 후, 닭은 몸의 상처로 인함인지 한쪽 구석에서 졸고 있었다.

닭과의 3일간 사투였으나, 우리네 삶의 식구 같이 살림에 보탬을 주기도 하였다.
계란 한알을 연필로 바꾸고 노트로 바꾸던 시절이 있었다.
죽지 않고 살아준 닭은 나를 살려준 은인이었다.

조심스레 다가가 살짝 닭을 잡았다.

몸부림을 칠 때마다 보리는 더 많이 튀어 나온다.

왼손으로 닭을 부둥켜안았다. 오른손으로 털과 함께 주섬주섬 순서도 없이 구멍 난 양말 꿰매듯 엉성하게 꿰맸다.

닭은 아프다는 말도 없이 달아난다. 보리는 튀어 나오지 않았고 찢어진 가죽도 감추어졌다.

우선은 살았다 하는 생각이었으나, 불안감은 더해졌다.

부모님과 식구들이 돌아왔다.

아무 일 없는 것처럼 태연한 척하였으나, 불안함은 여전했다.

저녁밥을 먹고 제일 먼저 닭 집으로 가서 이상을 점검한다. 별다른 이상은 보이지 않았다.

학교에서 돌아오면 먼저 닭의 상태를 살펴보니 이상이 없다.

이틀 삼일이 지나도 죽기는커녕 평상시와 다를 바 없다.

이럴 수가 있을까? 신기함을 넘어 기적이었다.

하루는 학교에서 돌아왔다. 어머니께서 이상하게도 닭이 알을 낳지 않는다고 한다. 혹시나 누가 계란을 가져간 것 아닌가 하는 눈치다.

나도 모르게 가슴이 덜컹 내려앉는 것 같았다.

죄를 지으면 못 산다는 말은 나를 두고 하는 말 아닌가 싶다.

닭도 생명을 가진 짐승이다. 껍질이 찢어지고 밥통이 터졌다. 그 후유증으로 알을 낳지 못한다는 것을 나밖에는 아무도 알지 못하는 일.

나는 다시 한 번 신기하다는 생각이 들었다.

전문 의사가 집도한 것도 아니고, 어린 아이의 손으로 형편없이 꿰매었다. 며칠 알을 낳지 못한 것 외에는 생명에 아무 이상이 없었다.

그 엄청난 사건 후에는 닭은 쫓을 때, 절대로 대나무를 사용하지 않았다.

3일 간의 기나긴 사투. 말은 못하는 짐승이 얼마나 아팠을까?

"암탉아, 미안해."

잃어버린 고무신 한 짝

초등학교 4학년 초가을 오후.

학교를 마치고 돌아오는 길. 큰 냇가 보 밑에서 이웃동네 아저씨들이 물고기를 잡고 있었다.

무슨 약을 풀었는지 물고기들이 중심은 잃고 버둥거리며 물 위로 떠오른다.

큰 고기, 작은 물고기 종류도 다양 하였다.

풀 섶에 함초롬히 앉아 한참을 구경했다.

아저씨들이 바구니를 채웠는지 아직도 물고기가 떠다니고 있는데 돌아갔다. 나는 떠오르는 물고기를 잡아볼 요령으로 고무신을 벗었다. 한 짝은 물고기를 담고 다른 한 짝으로 고기를 떠올렸다.

냇가 보 밑은 평지가 아니고 돌로 쌓은 경사지고 가파른 곳이다. 조심스럽게 천천히 내려갔다.

한 손은 돌을 잡고, 한 손은 신발로 떠오르는 물고기를 떠 올렸다. 제법 여러 마리를 잡을 수 있었다. 그때 제법 큰 물고기 한 마리가 버둥거리며 떠오른다. 그놈을 잡기 위해 팔을 뻗어 신발로 뜨려는 순간, 돌을 잡고 있던 왼손이 미끄러지면서 물속으로 빠져 버렸다. 원래 그곳은 수심이 깊고 물살이 세다. 빠지면 위험하다는 동네 어른들의 말씀이 불현듯 떠올랐다. 물속으로 한참을 빠져든다. 귀에서 쉬~윙하는 소리도 들린다. 눈을 떠보니 흙탕물에 풀잎과 작은 물고기도 보였다.

물 속 바닥에 다다랐다. 바닥은 온통 돌뿐이다.

무의식적으로 돌을 움켜쥐었더니, 몸이 바닥에 바짝 달라붙었다.

'아! 이제는 꼼짝없이 죽는구나.'

순간 식구들의 얼굴이 떠오르는데, 막내가 오빠를 부르는 것 같았다.

한 손에 쥐고 있던 고무신 한 짝도 궁금함이 빠르게 스쳐간다.

살기 위한 본능적 발버둥이었을까. 오른발은 힘이 없고 힘 있는 왼발로 큰 돌을 힘껏 찼다. 물에 빠질 때처럼 쉬~윙하는 소리와 함께 몸이 물 밖으로 떠올랐다.

돌 사이에 있는 풀포기를 잡고, 겁에 질려 빨리 나오고 싶은 마음에서 풀포기를 힘껏 잡아 당겼다.

나약한 풀이 뽑히면서 몸은 물속으로 다시 빠져 바닥 돌 위로 떨어졌다. 처음보다는 겁도 당황함도 조금 덜하였다.

물 밖으로 나가는 요령은 방금 전에 해 보았기 때문에, 처음처럼 실수하면 안 된다는 생각이 먼저 들었다. 왼발로 돌을 힘껏 찼더니 물 밖으로 나오게 되었다.

이제는 풀포기를 잡지 않고 돌을 잡았다. 조금 여유도 생겼다.

그런 가운데도 고무신 한 짝이 떠오른다. 나는 살았지만 신발 한 짝은 잃어버렸으니 후회도 원망도 함께 든다.

조심스럽게 돌을 잡고 올라왔다.

물속에서 빠져 나온 것이 다행이라는 생각. 그보다 온몸이 흙탕물로 젖어 있는 것과 잃어버린 고무신 한 짝이 더 큰 문제로 마음을 괴롭힌다.

할 수 없이 한 쪽 신발을 신고 책보를 들고 집으로 돌아왔다.

그런데 이대로는 집으로 들어갈 용기가 나지 않았다.

가을 날씨 오후라 옷은 젖어 있어 약간 춥기도 했다. 그러나 추운 것이 대수냐. 집 주위를 맴돌다 집 마당가에, 타작한 콩깍지를 묶어 세워둔 사이에 끼어 앉아 집안 동정을 살폈다. 그 사이에 그만 깜빡 잠이 들고 말았다.

사람들의 웅성거리는 소리가 들려 잠에서 깨어보니 벌써 어둠이 드리웠다.

부모님과 누님, 형, 또 이웃 친척들까지 모여 야단이 난 것이다.

한마디로 동네가 발칵 뒤집어진 것이다. 분명 나 때문이구나.

초롱불을 들고 집 주위와 동네 주변을 찾아다닌 모양이다.

옷은 젖어 밤이 되니, 춥기는 더해진다. 원망스런 뱃속에서는 꼬로록 소리가 들린다. 덧없이 시간은 흐른다.

차라리 처음에 야단을 맞더라도 집에 들어갈 것을 후회도 해

본다.

그럴수록 신발 한 짝이 발목을 잡는다. 용서 받지 못할 것 같다.

한참 후에 동네 친척 분들은 돌아간다. 부모님은 더 찾아보자며, 밖으로 나가는 것 같았다. 집안에는 할머니만 계신다.

할머니는 항상 내 편이다. 때는 이때다 싶어 책보를 들고 집으로 들어갔다.

나를 보신 할머니가 깜짝 놀라신다.

젖은 옷에 한쪽 고무신을 보더니, 이미 내가 겪은 고초의 과정을 아시는 듯하다. 동생들이 볼까 싶어 나를 데리고 할머니 방으로 재빨리 들이민다.

자초지종 묻지도 않고 옷부터 갈아입히고 이불을 덮어 주신다.

"기중아! 아무 말도 하지 말고 할머니 방이니 걱정 말고 잠을 자거라."

할머니 방은 아무나 들어오지 않는 곳이라서 우선은 최고의 피난처다.

누워 있으나 잠이 오지 않았다. 물속에 흙탕물 떠다니던 물고기들이 떠오른다. 잃어버린 고무신 한 짝은 더욱 지울 수가 없다. 아무리 생각해도 자신이 용서가 되지 않았다. 당시의 우리 가정 형편으로는 신발 하나를 사려면 힘든 살림이다.

팔 남매 중 다른 형제들은, 신발이 헐면 실로 꿰매서 신고 다녔다. 나는 특별히 새 신발을 사 주셨다.

밖으로 나갔던 식구들이 들어오는 소리가 들리니 두려움이 든다.

할머니께서 아버지와 어머니가 있는 큰 방으로 들어가셨다.

“기중이가 돌아왔다. 지금 내 방에서 자고 있다. 모든 것은 내가 알아서 할 것이니, 이 시간 이후로 어느 누구도 묻지도 나무라지도 말거라. 무사히 돌아온 것이 다행으로 생각하자.”

할머니는 밥상을 손수 들고 오셨다. 허기진 배를 채웠다.

할머니 옆에서 잠을 청하였으나, 잠은 좀처럼 오지 않았다.

평소에도 할머니는 내 편이셨지만, 오늘같이 고마움을 느끼지 못했다.

할머니는 영원한 은인이시며, 구원의 방주다.

부모님은 물론, 온 식구들에게 한없이 미안하였다.

동생 명숙이는 나를 보며 히끗히끗 웃기만 한다.

한동안 물이 무서웠고 특히 그 보 근처에는 가지 못했다. 그러나 잃어버린 고무신 한 짝은 오래도록 지워지지 않았다.

혼수와 폐백

아버님은 슬하에 아들 넷, 딸 둘 4남 2녀를 두셨다. 큰아들(재형)은 나와 동갑이었으나, 생일은 나보다 두 달이 늦었고, 그러나 초등학교는 나보다 1년 선배였다. 선생님께서 나이를 계산하셔서 재형이가 나더러 형이라고 불렀다. 아들들 결혼할 때마다 우리 부부에게 혼수를 보내 주셨다. 그 당시에는 남자는 양복지, 여자는 한복지가 보통이었다. 큰아들 결혼식에 참여했다. 충청도에 계신 나의 형님께서도 오셨는데 결혼식을 마치고 피로연이 시작되어 형님을 대접하기 위하여 함께 식사하면서 부모님 건강도 여쭈어 보고 고향소식을 들으며, 식사하고 있는데, 선생님께서 두리번두리번 분명 누군가를 찾으시는 것이 분명해 보였다. 형님과 식사하고 있는 나를 보시더니 "여기 있었구나! 식사는 이따 하고

어서 가자, 모두 기다리고 있구나."

내막도 모르고 손에 잡혀 가보니 폐백장소였다.

모든 식구들이 모여 계신데 내가 없다고 찾아나선 것이다. 폐백을 순서에 따라 받는데 새 며느리에게 나를 소개 하시기를 "내가 낳은 아들은 아니로되 내 아들이고, 우리 장안의 장자며, 너에게는 시숙이 되느니라." 하고 소개 하셨다. 생전 처음 받는 폐백이니 당황할 수밖에 없었다. 폐백에는 절값을 지불해야 한다는데 마침 주머니에 봉투가 있어 돈을 넣으려고 하는데 언제 준비하셨던지 아버님께서 내게 살짝 봉투를 건네 주셨다. 다음부터는 결혼식에 갈 때 축의금 봉투보다 폐백 절값 봉투를 잊지 않고 챙겼다.

초등학교 5,6학년을 담임 하시면서 맺어진 사제지간의 인연이 자연스럽게 부자지간이 되어 존경과 사랑의 흔적들은 더욱 단단히 쌓여만 갔다. 무엇이든지 아낌없이 주시고 더 많이 주시지 못하여 아쉬워하시고 숙제를 못한 체벌 대신 사랑의 회초리로 깨우쳐 주시고 나의 신체적 불편도 함께 나누지 못하여 안타까워하셨으며, 자랑할 것이 전혀 없어 되려 야단치셔야 할 텐데 자랑스러워하시고 잘난 것이 없는데도 그저 잘난 아들이라 해주셨다. 옛말에 농사는 남의 농사가 잘된 것 같고 자식농사는 내 농사가 제일이라는 말은 아버님을 두고 한 말 같았다.

진실한 사랑은 결코 거절할 수 없다. 고개를 숙여 순종할 수밖에 없는 것이란 것을 알게 되었다. 흔히 사랑이 식었다. 메말랐다. 하는 것은 진실한 사랑이 아니기 때문일까 생각이 든다. 분명 사랑은 영원한 것이다.

고희연에서의 실수

선생님께서는 생활 형편이 어려운 관계로 회갑은 가족끼리 조촐하게 보내셨는데, 자녀들이 모두 결혼하고 생활 형편도 좀 나아지셔서 이번 고희연을 작은 호텔을 이용하여 연회를 개최하게 되었다. 나는 하루 전에 고흥에서 올라가 동생(명중이)집에서 자고 동생들과 함께 고희연 장소를 가는데, 지금이나 그때나 서울의 교통은 예측할 수 없었다. 일요일인데다 행사시간이 11시인데 차들이 얼마나 정체되는지 11시 20분이 되어서야 호텔에 도착하는 실수를 범하고 말았다.

오늘 행사를 위하여 하루 전에 올라왔는데 이게 무슨 꼴인가 그러나 어찌할 수가 없었다. 이미 11시가 넘었는데 호텔 앞에 큰아들 재형이와 막내아들이 서 있었다. 나를 보더니 "형님! 빨리 들어가십시다."

"아니 시간이 넘었는데 왜? 여기 와 있느냐"고 했더니 "아버지께서 형님 없는 행사를 시작하시겠습니까?"

행사장 문을 열고 들어가니 약 2백여 명의 축하객들이 자리하고 있는데 선생님께서 마이크를 직접 잡으시고 하객들에게 양해를 구하고 계셨던 것이다. 문을 열고 들어오는 우리들을 보시더니 "오~ 빨리 오너라."

말석이라도 빨리 앉고 싶은데 "이 앞으로 나오너라. 네 좌석이 여기 있다" 하시며 기어이 앞으로 나오라는 것이다. 하는 수 없이 앞으로 가서 보니 자녀 좌석 중에 제일 앞좌석에 나와 나의 부인을 앉히시더니 사회를 담당한 조카에게 "자, 이제 되었다. 시작하자." 하시며 마이크를 넘겨주셨다. 고개를 들 수가 없었다.

이 같은 불효가 또 있을까? 심장이 쉼 없이 고동을 친다. 오직 행사를 위해서 올라왔건만 이러한 실수가 있을 수 있나 가시방석과도 같았다.

모든 순서와 절차를 어떻게 했는지도 기억이 없을 정도였다. 마지막 순서에 사회자가 "오늘 고희를 맞이하신 이상현 선생님께서 하객 여러분들께 인사의 말씀이 있겠습니다." 라며 마이크를 드렸다. 일어나시더니 "모두 평소 자주 만나고 연락했던 친구, 친척들인데 인사 말씀은 생략하고 오늘은 자식자랑을 할까 합니다. 예로부터 자식 자랑은 불출의 하나라고 하는데, 칠십이 되어 팔불출이 되면 어떻습니까?"

엄하신 아버님 슬하에 큰아들 재형이와 효부 중 효부인 큰 며느리의 기를 좀 살려주시려는 모양이다 생각했다. 속마음으로 '참 잘하셨습니다. 아들, 며느리의 체면을 살려 주세요.'라고 생각하고 있는데 갑자기 저를 지목하시며 "기중아! 너 좀 이리로 나와." 예상 못한 명령이셨다.

그렇지 않아도 늦게 참석하여 고개도 제대로 못 들고 있는데 앞으로 나오라니 당황하지 않는다면 사람도 아니었다. 내가 자리에서 얼른 일어나지 않으니까 "기중아 빨리 나와!" 독촉까지 하시는데 아니 나갈 수 있을까. 하는 수 없이 고개를 숙이고 나가니 자기 옆에 세워놓고 술도 한 잔 드셨겠다, 마이크를 드셨다.

"여러분! 알고 계시는 분들도 있겠지만 많은 분들께서 모르시기에 제가 오늘 특별히 소개할 기중이는 제가 낳은 아들은 아니로되 저의 아들이고 우리 집안의 장자입니다"라고 하시더니 초등학교 시절부터 내 생일 때마다 기중이가 올라와 생일을 알게 되었다느니, 해마다 쌀과 유자, 마늘을 보낸다느니, 하객들에게는 별 관심 없을 말씀까지 너무 말씀이 길다는 생각이 들었다. 또 늦게 참석하여 죄송하기도 하고 그래서 그만하시라는 신호로 옆구리를 살짝 찔렀더니 "아~야 가만 있어라." 하시면서 장황한 설교를 하시고는 갑자기 "자~ 너도 인사해야지." 하시며 마이크를 내게 내미시는 것이다. 생각하지도 못한 돌발사태였다. 하는 수 없이 "본의 아니게 귀한 행사에 늦게 도착하여 송구스럽다"고 사죄를 드리고 "방금 아버님께서 주신 말씀은 제가 받잡기에 민망스런 말씀이시고 요즘 아이들의 말대로 뻥 아닌가 합니다. 그러나 분명한 것은 아버님의 마음속에 자리한 사랑은 한도 끝도 없으십니다. 저는 드린 것 없이 가슴 벅차게 받기만 하고 지내온 것 같습니다. 저도 아버님의 크신 사랑을 실천하고 베풀 수 있는 그런 사람이 되기를 항시 기도하고 있습니다. 고맙고 감사하오며, 다시 한 번 죄송하다는 말씀 드립니다"라고 했더니 옆에 계신 아버님께서 박수를 유도하셔서 박수까지 받게 되었다.

참으로 사랑의 깊이와 양과 숫자는 헤아릴 수 없다는 말이 실감나게 하는 날이었다. 행사를 모두 마치고 가족들끼리 앉아서 차 한 잔씩 하는데 저를 보시며 "오늘 나 뭐 실수한 거 있느냐?"라고 하시기에

"그럼요 오늘 큰 실수 하셨어요."

깜짝 놀라시며 "무슨 실수?" 하시기에

"오늘 같은 날은 효자 큰아들, 효부 큰며느리를 칭찬해 주셔야 하는 것이에요. 실수하신 거예요."라고 했더니 큰 며느리보고 "아가 오늘 내가 실수한 거냐?"라고 묻자 "아니요 아버님 실수 안 하시고 참 잘하셨어요. 저희들은 모두 거의 알고 있지만 순천 시숙님은 모르시는 분들이 많은데 정말 잘하셨어요."라는 말에 사랑의 그늘이 대를 이어 주는가 보다, 생각했다.

불효자의 상복

인자하신 어머니! 이해심이 바다와 같으신 사모!

한없이 순전하신 여인! 아버님께 가장 필요한 내조의 천사!

그러하신 어머니 성보경 여사가 아버님을 홀로 두시고 소천하셨다. 평소 내조자로 아버님의 일거수일투족까지 보살펴 주셨는데 양복이며 와이셔츠, 넥타이 심지어는 양말, 손수건, 구두에 이르기까지 어머님의 손길은 항상 필요하셨다. 저희들을 보시고 너희 아버지는 나이가 드실수록 애기가 되는 것 같다고 하셨다. 이런 분을 어찌하라고 홀로 남겨 두시고 먼저 떠나셨을까? 서울행 열차에 몸을 싣고 가는 나의 뇌리에는 두 분의 과거 고난과 역경의 과정들이 떠나지 않고 맴돌고 있다. 충남 대천 대성초등학교에 재직하실 때 사기꾼의 계략에 휘말려 사모님들과 소위 낙찰계를 하셨는데 계주를 맡았다. 사기꾼은 곗돈을 모두 털어 야반도주 하고 말았다. 모든 책임은 계주에게 있기 때문에 하루아침에 엄청난 빚쟁이가 되고 말았다. 청렴하신 아버님은 사직하시고 퇴직금 전액을 빚쟁이들에게 내주고도 부족하여 가계도구 심지어는 아버님이 입으시던 양복류까지 약탈당하시고 기약 없이 서울로 올라오셨던 것이 고난의 시작이셨다. 그래도 아버님은 어머니를 원망하시지 않으시고 상경하셨다. 그 사태 때 저의 아버지와 형님께서 우리도 빚진 돈을 받아야 하겠다고 하시며 아버님의 양복과 사모님의 옷가지를 가져오셔서 뒤에 돌려드려 그래도 양복과 옷을 챙길 수 있었다. 서울로 올라오셔서 아버님은 이 방면 저 방면으로 일을 찾아 동분서주 하실 때도 어머님은 신앙촌(박태선교)에 빠져서 선교한다고 물건도 팔아주고 하셨다. 아버님에게 큰 도움이 못 되시는 고난의 시간은 계속되었다. 열차는 어느덧 서울역에 도착하였다. 택시를 타고 장례식장으로 가는데도 내 기억의 필름은 끊어지지 않는다. 초등학교 시절, 숙제를 못하여 체벌을 받던 날 사택에 불러다 차려주셨던 밥상. 노트나 연필을 살며시 쥐여 주셨던 일. 텃밭에서 감자를 캤다시며, 주시던 손길. 아버님 생신날 고흥에서 올라가 아침 생신상에 앉으셔서 "기중아 너 아니면 아버지 생신날도 그냥 넘길 뻔했다."고 하시던 말씀. 물론 신앙촌 물건도 사고 박태선교를 믿으라며 감당하기 어려운 일도 권유하셨다. 그래도 그동안 좀 더 잘해 드리지 못한 것이 아쉬움으로 남았다. 장례식장에 도착해 보니 아버님은 안 계시고 재형이와 동생들 가까운 친척분들이 분주하게 돕고 계셨다. 그때

큰아들 재형이가 내게 다가와 "형! 아버지께서 형이 오시면 드리라고 해서 저기 준비해 놓았습니다." 라고 하며 분향대 옆을 가르치는데 그것은 나의 좁은 소견으로는 전혀 예상치 못했던 상주가 입는 상복이었다. 어찌 보면 당연하다는 생각이 들었으나 아버님께서 이렇게까지 나를 챙겨 주실 것은 정말 예상하지 못했다. 한편 고맙다는 마음도 들어 상복을 입고 불효자 상주 역할을 했다. 우리 초등학교 동창 중에서 제일 먼저 도착한 최종호는 선생님만이 갖고 계신 너에 대한 사랑이라고 하며 크게 찬성해 주었다. 평소 서울에서 간혹 뵙고 식사도 대접해 드리고 술잔도 드렸던 희동이, 변환이, 윤기, 상배, 화수, 순열이, 순자, 복례. 다 헤아릴 수 없이 많은 동창 친구들이 고인의 영전에 참배하였다. KBS 방송국 앵커 출신이며 국회의원인 류근찬 친구가 목발을 짚고 보좌관의 부축을 받으며 들어와서 상복 입은 나를 보고 깜짝 놀라며

"기중아! 이게 어떻게 된 거냐 왜? 네가 상복을 입었어?" 부족하고 불충한 상주를 하고 당진 장지에 가서 안장하는 절차를 마치고 서울로 다시 돌아올 때까지 최종호 친구가 동행해 줬다. 고인께 한없이 죄스러운 마음뿐이었다. 홀로 계신 아버님께 더 잘해야 할 것인데 하며 순천에 도착했다.

4

박공예와 함께, 나눔과 봉사의 삶

명 판사의 명판결

인간은 백 년에 왔다 가는 나그네라고들 한다. 나그네로 살아가는 삶의 모습들은 각양각색으로 다양하다. 속칭 금수저로 태어나 부러울 것 없이 살아가는 이가 있는가 하면, 자신의 힘만으로는 살아갈 수 없어 누군가의 도움을 받아야 하는 사람. 그중에 태어날 때부터 장애로 고통을 감내하여 눈물겹게 살아가는 장애인들도 우리 주변에서 흔히 볼 수 있다.

전남 고흥군 풍양면 어느 한가한 농촌마을에.

선천성 지적 장애인 주용선, 김연자 부부가 살고 있다. 타고난 재산도 없이 허름한 집 한 칸에 기초 생활수급자 지원과 장애인 수당으로 곤고한 삶을 근근하게 살아가고 있었다.

신체적 장애로 슬하에 자녀를 낳을 수 없었으나, 하나님을 믿는 독실한 부부로 의지력은 남부럽지 않았다. 장애와는 별개로 착하고 부지런히 사는 예쁜 가정이었다.

이들 부부를 측은하게 여긴 집안 어르신들의 논의 끝에 주용선 씨의 형님을 설득하여 셋째 아들을 양자로, 주용선 씨 호적에 입적하였다. 호적상 양자지만 본가에서 성장하여 고등학교를 다니고 있었다.

장애인들은 신체적 결함으로 인한 질병의 발병률도 높아 병원을 자주 찾게 된다. 심지어는 이틀에 한 번씩 치료를 받아야 하므로 신체적 장애와 질병과 싸우는 이중고를 겪어야 한다.

그런데 주용선 씨 가정에 예기치 못한 일이 일어났다.

양자의 나이가 만 18세가 되면 부양가족이 되므로 수급자 지원이 모두 중단된다는 것이다. 주용선 씨 부부에게는 큰일이 아닐 수 없었다.

이 같은 사실은 풍양면사무소 복지담당자께서 이들 부부의 생활형편을 잘 알고 있기에 염려가 되어 순천에 거주하는 나에게 연락을 해, 전후 사실을 말하면서 대책을 강구해야 한다고 했다. 방법은 파양 청구 소송밖에 없다고 한다. 행정 당국에서는 매년 10월경에 내년도 지원 내력을 심의하여 대상자를 선정하는데 시간적 여유가 없다고 하면서 서둘러야 한다는 것이었다.

주민복지를 담당하는 직원에게 너무나 감사하다는 생각을 하면서 부랴부랴 주용선 씨 형님을 만나 동생의 현황을 설명하고 방법은 파양 청구 소송을 하는 것뿐이라고 하면서 불쌍한 동생을 살릴 수 있는 유일한 길이라고 설득했다. 형을 원고로 동생을 피고로 소송을 제기하기로 하였다. 당연히 변호사를 선임해야 하지만 주용선 씨 형편상 선임비 부담이 어려워, 하는 수 없이 내가 손수 파양 청구 소송장을 작성하여 순천지방법원에 제출하여 재판일 통보를 받았다.

재판시간이 오후 2시라서 오전에 원고와 피고를 집으로 불러 혹시나 판사가 불쌍한 피고를 생각하여 원고에게 취하를 요구할지도 모르니 원고는 내 아들을 찾아와야겠다고 하라는 말을 수없이 당부했다.

마음을 졸이며, 방청석 중간쯤 앉아서 재판과정을 지켜보고 있었다.

판사는 처음부터 원고를 설득하려는 듯한 질문을 한다.

왠지 불길한 예감이 들었다.

"원고는 아들 셋에 딸 둘이 있지요?"

원고는 "네!"

"양자인 아들은 원고 집에서 학교를 다니고 있습니까?" "네!"

"동생은 아들이 없어 불쌍하다는 생각이 들지 않나요." "네!"

원고는 판사가 묻는 말에 모두 네! 네! 라고만 대답했다.

처음 판사 앞에 서 있는 것이 두려운 듯 목청은 점점 높아지고 약간 상기된 표정이 역력했다. 왜 저럴까?

판사의 설득은 계속된다.

"우리나라 풍습은 형제 중 아들이 없으면 양자를 세워 대를 잇게 하는 것이 고유풍습인데 원고는 어떻게 생각하십니까?"

그래도 대답은 "네!"였다.

"그러면 원고는 동생을 불쌍히 여겨 본 소송을 취하하시겠습니까?"

결정적인 판사 말에 더 큰 소리로 "네!"라고 대답하는 것이다.

판사는 연필을 들더니 "본 건은 원고의 취하로…."라고 방청석에 들릴 정도로 중얼거리며 적고 있었다.

모든 것이 물거품이 되는 순간이었다. 얼굴이 상기되고 심장이 뛴다. 거의 이성을 잃은 단계였다.

순간 나는 자신도 모르게 자리에서 일어서서 "재판장님"

"원고는 취하라는 본뜻을 모르고 대답한 것 같습니다. 다시 한 번만 물어 주시면 감사하겠습니다."라고 말했더니 원고와 피고가 뒤로 돌아서서 제가 말하는 것을 바라보고 있다가 제 말이 끝나자 판사를 향하여

"네 저는 잘 모릅니다." 옆에 서 있던 피고도 고개를 끄덕이며 동의하는 듯했다. 나는 오전에 했던 말이 이제야 생각난 것인가라는 생각이 들었다.

이 광경을 바라보고 있던 판사는 잠시 무엇인가를 생각하더니 서 있는 나에게 "원고나 피고와는 어떤 관계이십니까?"

옳지, 기회가 왔다! 라는 생각이 들어 "제가 고흥에 거주할 때 저도 장애인이라 장애인 단체에서 피고 부부를 만났는데 여러 가지를 잘 이해 못해서 제가 도와드린 인연이 있어 본 청구서도 작성해 드리게 되었습니다. 판사님께서 보시는 바와 같이 피고 부부는 선천성 지적장애인으로 가정 형편도 어려워 기초 생활수급자로 정부의 지원 없이는 생활을 유지할 수 없는 형편인데 양자의 나이 만 18세가 되면 부양가족이 되므로 지원대상에서 제외됩니다. 지원이 중단되면 피고부부는 생활은 물론 병원치료비를 감

당할 수 없게 됩니다."

"판사님의 현명하신 판결로 피고 부부가 생명의 끈을 이어갈 수 있도록 헤아려 주십시오. 피고 부부는 평생 하나님을 의지하고 기도로 살아 왔는데 판사님께서 하나님을 대신하셔셔 응답해 주시기를 간곡하게 바랍니다."

무슨 말을 어떻게 했는지 오직 판사님의 마음을 얻어야겠다는 일념이었다. 판사께서는 아무 말도 묻지 않으시고 잠깐 눈을 지그시 감으시더니 지우개를 들고 방금 전 중얼거리시며 쓰신 것을 지우시고 "결심 판결은 다음달 16일 오후 2시에 있겠습니다. 원고 피고는 들어가십시오."

진의가 전달되었을까? 결과는 어떻게 될까?

무거운 마음으로 법정을 나오는데 사람들이 우르르 몰려들어 "판사를 평소 아느냐?" "어떻게 일어서서 말할 생각을 했느냐?" "재판다운 재판이었다." "명판사의 명진행이었다." "이런 재판은 처음 보았다." "모든 재판이 이렇게 된다면…." 하면서 모두가 이구동성으로 자기들 일처럼 만족해하는 표정들이였다.

결심 판결날 불안한 마음으로 법정에 들어갔다,

사건번호 OO호는 원고 승소!

짧은 판결문으로 모든 시름이 씻겨 가는 듯하였다.

불쌍한 장애인 부부는 새 생명을 얻게 되었다는 생각이 들었다.

사실 파양 청구 소송장에는 양자가 사춘기로 예민할 때라 자기를 장애인 숙부에게 양자로 보냈다고 부모를 원망하여 집에 들어오지도 않고 공부는 물론 학교도 가지 않고 갈수록 빗나가는 것 때문이라고 작성했는데 이에 대하여는 전혀 묻지 않으셨다.

단, 원고와 피고를 데리고 재판한다는 것이 무의미하다고 보신 것인지는 알 수 없다. 이 같은 은전을 입었으면 당연히 찾아뵙고 감사의 인사를 드려야 했건만 당시에는 판 · 검사와 일반인의 면접은 상상도 못한다고 여겨 감히 생각도 못하고 지나온 것이 못내 아쉬움으로 남아있다.

지금이라도 판사님께서 이 글을 보시고 혹 기억하신다면 또 뵐 수 있다면 찾아뵙고 진심을 담아 존경과 감사의 인사를 드리고 싶은 심정입니다.

주용선 씨 부부는 정부의 지원으로 생활하시다 80이 넘어 주용선 씨는 지병과 노환이 악화되어 요양원에 입원하였다가 노환을 이기지 못하시고 천국에 가셨는데, 부인 김연자 씨는 광주병원에 장기 입원 중이라 부인에게 남편의 사망소식도, 병세 악화를 염려하여 알리지 못하고 요양원의 배려로 장례비 일체를 정부(지자체)의 지원으로 장례를 마치고 종친회에서 마련된 납골당에 안치하였다.

힘겹게 살아온 한 장애인의 일생이 쓸쓸하게 떠나갔지만 천국에서 주님과 함께 장애도, 질병도, 사고 위험도 없는 하늘나라에서 영생하리라 믿어본다.

부인 김연자 씨는 특수감염증(MRSA)으로 1년 넘게 장기 입원 치료를 마치고 가정에서 도와드릴 사람도 없고 혼자서는 생활하기에 불편이 많아 72세에 순천 예선요양병원에 입원하여 병원 측의 치료와 보호 속에 잘 적응하고 있다.

기초생활수급자요, 장애인이 요양병원에 입원하게 되면 관리자를 지정해야 하는데 마땅한 사람이 없어 제가 맡게 되었다. 김연자 씨를 관리하며 또 한 번 놀랐다. 요양병원비는 월 7,8만 원에 불과한데 정부(공단)지원금은 한 생명을 위하여 월 2백여만 원이 지원되는 것을 보며 진정한 복지국가에 살고 있는 국민이구나 하는 생각을 하게 되었다. 김연자 씨는 장애인으로 일평생 유년 시절부터 오직 하나님을 의지하고 기도의 힘으로 살아오시며, 주일학교 교사, 여전도회활동구역예배인도 및 권사의 직분까지 정말 제사보다 귀한 순종의 여종이셨다. 오늘도 예선요양병원에서 의료진의 사랑에 치료와 간호 간병사의 보살핌, 하나님의 보호하심 속에 일평생 간절한 기도가 응답되고 있다고 생각한다. 자신의 소망대로 이 땅에서 여생을 마치면 하나님께 돌아가는 것을 쉬지 않고 기도하고 있다.

이 땅에 따뜻한 사랑과 보호하심과 배려가 없다면 장애인들의 삶은 더욱 험악하지 않을까? 따스한 손길에 한없이 고마움을 지울 수가 없었다.

잊을 수 없는 그날과 그이들

장애인들과의 만남의 시간 50여 년 생활의 공간에서 잊을 수 없는 일이 있다면 그 중에 하나가 순천장애인사랑봉사대라 할 수 있겠다.

1997년도. 시내 중증재가 장애인들을 대상으로 이송봉사, 심부름, 생활개선 봉사를 목적으로 창립하여 어려운 여건 속에서도 주저하지 아니하고 존속할 수 있었던 것은 그들만이 가지고 있는 고충을 발견하였고 직접 보게 되므로 누군가의 도움이나 협력이 필요하다고 인식하였기에 조건에 굴복하지 않고 계속할 수 있는 동력이 되었다. 중증재가 장애인들은 신체적 장애로 인한 활동의 불편함은 두말할 필요도 없지만 생활 여건이 여유롭지 못하여 대체로 저소득층이며 생활보호수급대상자가 많은 편이었다. 가까운 거리도 누군가의 도움 없이는 움직일 수 없는 안타까운 처지는 그들만이 갖고 있는 고통이요, 슬픔이었다.

그러나 그들에게도 보편적 인권이 있고 이동할 수 있는 권리와 생활이 있는 것이다.

본인만이 가능한 민원처리를 위하여 동사무소 각 기관단체 방문과 건강한 사람보다 병 · 의원을 자주 찾아야 하지만 혼자의 힘으로 이동이 자유롭지 못한 관계로 불이익을 당할 수밖에 없는 피해자에 속할 때도 있다. 또한 쇠퇴하기 쉬운 신체장애 부분의 조절과 활력을 얻기 위하여 재활치료 및 운동요법이 필수지만 단독으로는 불가능하고 정신적 피로와 에너지 충당과 안정을 위해서는 야외 나들이나 관광명소에서 얻을 수 있는 것도 꿈속에서나 그리는 애처로움뿐이었다.

우리 순천은 천혜의 자원이 풍부하여 힐링의 명소들이 많은 편이지만 중증재가 장애인들에게는 눈으로도 직접 보지 못할 뿐 아니라 호흡할 수도 없는 마음속에 간절한 소망이요 그림일 뿐이었다. 이러한 중증재가 장애인들에게 잠시라도 그들의 손과 발이 되며 또 마음이 되어 작은 서비스로, 권익 옹호를 동시 추구할 수 있다면 얼마나 좋을까라는 바람의 마음을 모아 봉사대를 설립한 것이다.

창립 멤버가 화려한 분들도 아니었다. 명성이 높고 많이 소유한 사람도 아니었다. 또 신체가 건강한 사람들만이 아니라 그들 또한 장애인들이었다. 택시 운전을 하면서 근근이 생활을 이어가는 최재곤 씨(초대 대장), 자신도 장애인으로 소유차량을 제공해 주고 직접 이송을 담당했던 최강민 씨(운송팀장), 1급 지체 장애인으로 휠체어를 타고 동분서주 해주신 김동철 씨, 운전에 자신감을 가지고 운전기부자를 맡으신 장영익 씨(장애인), 집수리 등 건설업을 하는 서삼진 씨, 운전기부자 손국종 씨, 봉사대 섭외를 담당한 지체 장애인 배삼주 씨, 보수라고 해야 교통비 수준이지만 봉사하는 마음으로 사무 · 행정을 맡아준 이순임 씨와 박효인 씨, 봉사대의 취지에 동참하겠다고 차량 제공 및 운전을 해준 각 지역의 자원봉사자 여러분이 순천장애인사랑봉사대를 꾸미고 출발하여 실천할 수 있게 한 원동력이 되었다.

꾸밈은 초라하게 보일지 몰라도 봉사의 열정만은 전원의 마음속에 활활 타오르고 있었다.

사무실 얻을 돈이 없어 조그마한 컨테이너 박스 하나를 구입하여 사무실로 이용하면서, 지정된 장소가 아니기에 수십 번의 이사를 다니는 수난을 겪어가면서도 설립 취지를 성취하기 위한 기대와 기쁨이 식지 않았다. 봉사대 주 이송차량은 최강민 씨 차량이었고, 운전도 최강민 씨가 거의 담당하였으나, 기본적인 유류비만 지급하고 차량 수리비, 자동차 보험료도 지급하지 못하고 운전자의 수고비도 기쁜 마음으로 채우는 염치없는 운영 형편이었다. 이용 장애인들은 계속 늘어나고 차량 한 대로는 도저히 감당할 수 없을 만큼 확대되고 있었다.

궁리와 논의 끝에 자체차량구입을 위하여 일일 찻집을 갖기로 하고, 물색 중에 찻집을 운영하시는 사장님께서 장소를 무료로 사용하는 것은 물론 모든 기 · 도구 무료 사용, 일부 차(음료)까지 무료로 제공해 주신 덕에 성황리에 마친 결과, 일천삼백만 원의 놀랄 만한 수익을 얻게 되어 바로 차량을 구입하여 운행하게 되었다.

2002년도. 전라남도에서 도내 각 단체의 평가를 심의하여 도내 456개 단체 중에서 우리 봉사대가 1위를 차지하였다. 그 성적표는 더욱 무거운 책임감을 갖게 했다.

1위 단체의 사례발표에서 나는 "장애인도 보편적 인권을 보장받을 수 있고 차별의 대상에서 탈피 되어야 하며, 지역사회의 변화를 위하여 권익 옹호가 동시 추구되어야 하며, 장애인도 모두 여러분의 형제와 자매임을 잊지 말아 주시기를 바랍니다."라고 힘주어 말했다.

2003년도 공동모금회에서 전국장애인단체에 휠체어와 함께 탑승할 수 있는 리프트 차량을 무상제공한다는 공고를 보고 서류를 구비하여 신청하였다. 제공차량은 90대인데 전국에서 201개 단체가 신청하여 엄정한 심의를 거쳐 결정된다는 소식에 거의 실망에 쌓여 있었는데, 심의결과 우리 봉사대가 9번째로 선정되어 기쁨이 두 배였다. 차량을 인수하고자 당시 대장이었던 서삼진 씨가 갔는데 담당자가 서류를 보면서 90개 선정단체가 모두 사단법인 단체인데, 순천장애인사랑봉사대는 법인이 아니고, 개인 이사장 윤기중으로 되어 있다면서 의아하게 생각하며 특별한 일이라고 하더라는 말을 뒤늦게 들었다.

당시 차량 가격이 3천5백만 원 정도로 보험금이 1백3십만 원인데 78만원을 지급하여 작은 소득도 얻게 되었다. 보험금 할증 혜택이었다.

아울러 봉사대의 원래 차량 1대, 리프트 차량 1대, 내 개인 차량까지 3대로 갑자기 차량 부자가 된 기분이었다. 시청에서도 관심을 가져주시고 사무실 임대료를 일부 지원받고 책상, 의자, 컴퓨터까지 복지과 조천수 과장님과 김미자 계장님의 주선과 배려로 어엿한 사무실을 보유하게 되었다.

봉사 사업이 확대되어 이송봉사는 필수적이고 장애인 편익 사업으로 전기, 수도, 집수리, 보일러 설치 등을 추가 실시하게 되었다. 연중 2회 실시해 온 '장애인 사랑의 나들이' 행사는 참으로 잊을 수 없는 가슴 벅찬 행사였다.

관광버스 차량은 순천시에서 지원받고 수건, 음식, 다과 등을 후원 받아 실시한 야외 나들이 행사는 중증재가 장애인들에게는 너무나 즐거운 뜻 깊은 행사로 기억 속에 영원히 아름답게 남아 있을 것이다.

그 뒤에는 '장애인 증진 나들이'로 개칭되어 실시했는데, 기뻐하는 그 모습, 그 표정들은 장애를 극복하는 힘이었다.

2007년도부터는 지역사회의 변화와 장애인의 보편적 인권 자조에 의한 동료 지원, 장애인 권한 강화를 위하여 보건복지부와 국립재활원, 한국장애인복지진흥원에서 장애인 활동보조 지원사업이 실시되어 많은 경쟁 단체와 함께 우리 봉사대가 선정되어 책임자 교육이 있어 2일 동안 한약방 문을 닫고 대전 레전드 호텔에서 교육을 이수하고 보조원들을 모집하여 지정된 교육기관의 교육을 마친 뒤 해당 장애인들의 가정에 파견되어 서비스를 제공할 수 있었다. 나눔의 기쁨은 두 배요, 봉사의 기쁨은 세 배로 늘어나고 있었다.

또 하나의 사연은 2008년 가을, 사무장 이순임 씨가 서울에 거주하는 중증 장애인이 순천 선암사에 본인이 직접 처리할 일이 있는데 도와줄 가족도 없고 고민하고 있던 중 순천에 장애인사랑 봉사대가 있다는 것을 알고 도와줄 수 없냐고 전화가 왔는데

"이사장님 어떻게 할까요? 도와주고 싶습니다."

하루를 고민 끝에 도와주기로 하고 연락을 했다. 정해진 일자에 순천역에 도착하는 장애인은 순천역에 협조를 요청하여 역무원이 열차에서 하차를 도와주기로 하고 우리 봉사대에서는 차량을 대기하고 휠체어를 가지고 역에서 차량으로 이동, 선암사까지 모셔다 드리고, 다음 날 선암사로 가서 순천역으로 이송하여 다시 휠체어로 서울행 열차에 무사히 승차시켰다. 지금 생각해도 순천역장님과 관계자의 협조 없이는 어려웠던 일이라서 감사의 마음을 간직하고 있다.

얼마 후, 그분으로부터 편지 한 통이 봉사대에 도착했다.

정말 눈물 없이는 볼 수 없는 구구절절의 애처로운 사연에 모든 봉사대 식구들이 눈물을 흘렸고 나 또한 6년의 이사장이란 임무수행에 나도 장애인으로 살아온 자취를 더듬어 다시 볼 수 없는

눈물겨운 사연이었다. 세상을 살아가는 데 불편함 없는 것이 어디 있으며 마음과 뜻대로만 되는 일이 어디 있을까?

그러나 많은 사람들이 신체적 장애를 가지고 살아가는 삶의 여정들을 이해하고 살피고 나눌 수 있는 사회가 되어 차별을 탈피하고 장애인 편익을 위한 시설을 개선하고 장애인들이 일할 수 있는 공간이 마련되는 사회로 변화될 수 있다면 얼마나 좋을까 하는 간절한 마음을 담아 본다.

우리 순천장애인사랑봉사대는 영원히 꺼지지 않는 봉사의 불꽃으로 피어 나갈 것이다.

좌로부터 세 번째가 윤기중 작가

박공예와 30년 속삭임

취미 중 하나로 그것도 부인이 하는 것을 어깨 너머로 익혀 시작하게 된 것이 어언 30년이 넘었다. 박공예, 나의 식구도 소품까지 400여 점이 된다. 박공예를 시작한 직접적인 동기는 고향이다. 내가 태어난 곳은 한적한 시골 전형적인 농촌마을의 충남 보령시 주포면 봉당리이다. 도청 마을로 농민들의 풍정을 담고 구수한 흙냄새 맡으며 보고 듣고 성장했다. 언제부터인지 대청마루 천정 한구석에 커다란 박 두 짝이 걸려 있었다, 별 관심 없이 지나치다가 두 개의 바가지가 궁금하여 어머니께 여쭈어 보았다.

"어머니! 저 바가지는 왜 쓰시지 않고 저렇게 매달아 놓으셨어요?"

라고 했더니 저 바가지는 네 동생(바로 밑 동생 명숙) 낳던 해(1953년)에 딴 것인데 바가지가 워낙 크고(광이 39.5cm) 흠도 없이 깨끗하게 생겨서 아까운 마음에서 쓰지 못하고 매달아 두신 거라는 말씀이셨다. 당시는 바가지가 생활필수품이었다.

순간 나는 저 바가지는 어머니께서 아끼시는 것 중 하나였구나! 생각하며 그렇다면 매달아 둘 것이 아니라 무엇인가를 바가지에 담아 어머니가 아끼시는 소중함을 오랫동안 간직하면 좋겠구나 생각하고

“어머니 저 바가지 제가 쓰면 안 될까요?” 했더니 쾌히 승낙하셨다.

나의 소유가 된 바가지 두 짝, 크고 어머니께서 아끼시던 것!

평소 붓글씨나 사군자 등을 좋아하여 서툴게 옮겨보기도 하였기에 무엇을 옮겨볼까? 박 두 짝과 씨름을 거듭했다. 어머니께서 소중하게 간직하시고 계셨던 귀한 박 두 짝이기에 쉬이 결정을 못하고 2년 동안 궁리하면서 먹을 갈아 글씨를 써 보기도 하고 마음에 들지 않으면 닦아 내고 소질도 없으면서 그림을 그렸다가 지우기를 수차례 반복하던 중에 저의 부인이 친구들과 지점토와 박공예를 배우겠다고 해 크게 동의하고 부인이 지점토와 박공예를 하는 것을 유심히 지켜보면서 하나씩 터득하였다.

손으로 만드는 지점토, 조각도로 하는 박공예 어찌 보면 모두 내가 좋아하는 것이었다. 궁리 끝에 한 짝에는 그림을 한 짝에는 글씨를 조각하기로 결정하였으나, 저는 명필가도 아니고 더욱이 화가도 아닌데….라고 생각하던 끝에 그림은 평소 좋아하던 유명

한 명작인 혜원 신윤복 화백의 단오절로 결정을 하고 또 한 짝은 도연명의 시 "귀거래사"로 결정하였다.

연필로 그렸다 지우기를 반복하여 두 달여만에 어설프게나마 완성한 것을 약방에 걸어 놓았다. 오가는 손님들에게 자랑을 하였는데 보는 사람들마다 너무나 좋다는 호평이었다. 이제 제2, 제3의 작품을 위하여 박이 필요하였는데 오신 손님 중에 집에 있는 박을 가져다주시기도 하고 하나, 둘, 열, 백 늘어 날 때마다 박공예 부자가 된 기분이었다. 기법도 제법 늘어 내가 생각해도 숙련공에 가까운 듯하였다.

소재는 창작은 아니지만 국립박물관에서나 볼 수 있는 조상들의 명작들, 선조들의 삶의 풍정이 숨 쉬는 풍속도 글씨, 인물화, 민속도 역사, 해학, 시사 등 다채로운 대 · 소작품이 400여 점에 이르게 되었다. 바가지 속에는 어머니의 희생과 헌신, 사랑이 숨겨 있고 우리네 삶의 풍경과 역사 흐름의 줄기가 있고 사랑의 흔적도, 꾸짖는 채찍도 담겨 있으며, 역사의 아픔, 고부 간의 갈등 해소, 생활의 교훈도, 친구의 우정도 있으며, 인간을 향한 부르짖는 아우성도 있었다.

이제는 박공예가 친근감 있는 우정의 친구가 되었다.

30여 년 동안 박공예와 속삭이기도 하고 박공예에게 푸념도 늘어놓는다. 가장 가까운 동반자와 같았다.

그동안 아끼시던 바가지를 선뜻 내어 주시고 밭둑에 일부러 심어 복잡한 과정을 거쳐 박공예를 할 수 있도록 정성으로 만들어

주신 많은 분들께 진심을 담아 감사를 드립니다.

농촌의 바쁜 일손을 뒤로 하고 박을 심어, 잘 익은 박을 수확하여 복잡한 과정을 걸쳐 깨끗하게 손질해 주신 외서면 도신리에서 사시는 서동호, 김영희 씨 부부(무려 100점) 축사 옆에 심어 수확한 박을 직접 차에 싣고 전하여 준 이명순 씨와 그의 아드님! 낙안민속촌에서 특별히 사용하기 위하여 구해 놓은 바가지 수십 점을 아낌없이 내어 주신 낙안민속촌보존회 송상수 회장님! 시골길 지나다 들에 굴러 다니는 박을 보고 차에 싣고 와 저에게 갖다 주신 운산국악원 이낙훈 원장님과 미목농원 김석수 대표님, 신원도 밝히지 않고 가져다 주신 여성 동호인님 헤아릴 수 없을 만큼 많은 분의 정성에 감사드리며, 특히 박공예 시작할 때부터 현재까지 온갖 궂은 일, 재료 구입, 박 수선, 박 구입에 정말 큰 수고를 마다하지 않으시고, 도와주신 순천성일가스 이영모 사장님, 생박을 톱으로 자르고 껍질을 벗겨, 솥에 삶아서 햇볕에 말려 예쁜 박을 만들어 주신 서복례 여사님과 그의 남편, 아들, 며느리까지의 공력과 수고는 제가 박공예를 할 수 있도록 해주신 원동력자들이셨다. 박공예를 바라볼 때마다 그 분들의 얼굴과 수고의 손길이 엿보여 영원히 잊지 못할 박공예 동력자 분들이라 생각한다.

한약방 벽에 빼곡히 걸어 놓고 오시는 손님들에게 구경하실 수 있도록 했다. 보시는 분들마다 좋아하시는데 박공예의 원래 제공자인 저의 부인은 때로는 청소하고 먼지도 털어야 하기에 귀찮은지

투덜거릴 때가 있다. 현재까지 만들어 나누어 준 것만도 100여 점이 넘는다.

순천시 장애인 종합복지관 산재장애인 프로그램에서 박공예 강의도 하였으며, 낙안민속촌 명품관에도 박공예를 전시하고 있다. 기회가 허락된다면 우리 순천은 제1호 국가정원을 품은 천혜의 자원과 문화가 꽃피는 생태수도문화관광도시이다. 순천만이든 국가정원이든 민속촌이든 조그마한 공간을 마련하여 순천을 찾는 방문객들에게 순천 박공예를 관람할 수 있는 기회를 부여할 수 있다면 30년 동안 만든 박공예품 전체를 순천시에 기부하고 싶은 저의 작은 소망이다.

저의 작은 정성을 많은 사람이 뜻 있게 관람할 수 있다면 충분하다.

그보다 큰 보람이 어디 있을까 하는 생각이다. 오늘도 박공예를 바라보며, 대화하고 귓속말로 속삭이는 가운데 하루해를 보낸다.

우리 가정에 핀 봄꽃

2015년 4월 17일(금) 밤 9시 2분.

응~아 하는 울음소리와 함께 예쁜 손녀 공주가 태어났다.

새 생명이 탄생한 우리가정은 봄에 만개한 벚꽃보다, 함박 웃는 목련보다, 노오란 개나리보다 몽실몽실 피어나는 철쭉 꽃송이보다도 더. 화사한 웃음꽃이었다. 하루가 다르게 모락모락 자라는 모습이 어찌 그리도 어여쁜지. 자고 있는 자태는 천사 같고 울음소리는 멜로디로, 열창 가수의 노래와 같았다. 이름은 아빠, 엄마의 뜻을 따라 '봄'이라고 지었다. 눈보라 휘날리는 겨울을 지내고 만물이 소생하는 봄! 따뜻한 남쪽에서 기쁜 소식을 들고 찾아오는 반가운 봄! 가지마다 꽃망울을 터트려 새와 나비를 부르는 봄! 움츠렸던 가슴을 활짝 펴고 활개 치는 봄!

봄은 꿈을 부르며 희망과 용기를 선사하고 봄은 사랑을 노래한다.

그 봄이 우리 가정 정원에 피어 노래하며 안겨 주었다.

누워 있던 봄이가 뒤집은 것도 신기했고, 두꺼비처럼 기어 다니는 것도, 앉아 있는 것이 싫다고 일어섰다가 주저앉고를 반복하더니 드디어 일어서는 것을 성공이다. 이제는 걷겠다고 한발 뛰고 넘어지고 다시 끈기 있는 도전에 제법 한 발 두 발 대지를 향하여 내딛으며 봄이도 기뻐한다. 무어라고 중얼거리는 것은 말을 배우는 준비 작업일 거다. 제일 먼저 하는 말은 엄마의 수고에 보답이라도 하는 듯, 역시 "엄마."였다. 성급하게 할아버지는 언제나 불러 줄까? 새 생명의 성장변화의 그 자체는 기적과 같은 축복이었다. 엄마에서 아빠! 그런데 할아버지를 부르는데 "하버지." 라고 한다. 할머니는 제법 제대로 부르는데 그래서 앞으로 할아버지를 하버지로 바꾸면 어떨까 하는 생각도 해본다. 세 살이 되니 하버지가 자연스럽게 할아버지가 되었다.

할아버지가 가발을 쓰는데 머리 할아버지라고 하고 외가에는 예쁜 애견을 키우는데 멍멍이 할머니라고 부른다. 외할머니를 따라 간혹 목욕탕에 가는 것을 퐁당퐁당 간다고 하고, 칫솔질은 치카치카, 팥죽을 가리키며 "이게 뭐야?"

"똥."이라 해서 옆에서 웃으면 저도 아니라는 것을 인정하는 듯 히긋 웃는다. 세 살까지는 토끼 인형을 제일 좋아하고 엘사 공주, 안나 공주, 뽀로로, 콩순이를 좋아한다. 나무판에 인두 공예로 엘사, 안나, 콩순이를 만들어 주면 "할아버지 최고야!!" 하면서 엄지 척을 한다. 하루는 봄이 아빠가 "이제 그만 만들어 주세요. 걸어 놓을 자리가 없어요."라는 소리를 옆에서 듣고는 아빠를 흘겨보며 "아빠! 미워!" 집에 있는 것을 꼭 껴안고 "이것도 가져갈 거야." 어느 날 "저는 여자니까 여자가 좋대요." 그래서 내가 "할아버지는 남자야! 여자야!"라고 물었더니 조금 무엇인가를 생각하더니 "할아버지는 여자"

옆에 있던 할머니가 "나는 여자야! 남자야!" 묻자 빙긋이 웃으며 "할머니는 남자"라고 하는 네 살 어린이의 농담치고는 고단수였다. 역시 제 뜻을 잘 따르고 비위를 맞추어 놀아주는 사람이 제일 좋다는 표현일 거다. 그래도 쉬아(소변)한다고 화장실에 갈 때 "할아버지가 해 줄까?"라고 하면 "안돼. 할머니가 해줘." 놀아줄 때는 여자고 화장실 갈 때는 남자로 바뀐다. 하루는 거실에서 놀다가 "할아버지, 놀이터 가요." "그래 가자." 거실을 나가려고 하는데 내 머리를 보면서 "할아버지 머리 써요. 밖에는 춥잖아요." 할아버지 가발은 추워서 쓰는 것이라고 생각하는 어린 마음인 것이다.

하루는 할아버지 무릎에 얌전하게 앉아 텔레비전을 보는데, 뉴스를 진행하는 여성 앵커가 겨울인데 미색 옷을 입고 진행한다.

겨울이라 좀 추워 보인다라고 생각하고 있는데, 봄이가 "안 이쁘다."라는 것이다. 하도 기이해서 "봄아! 그럼 누가 이뻐?" 얼른 떠오르지 않는지 답이 없다. 그래서 답은 뻔하겠지, 생각하면서 "봄아! 고은하(봄이 엄마)는 이뻐, 안 이뻐?"라고 했더니 바로 대답이 "고은하는요, 참 예뻐요"라는 것이다. 역시 봄이에게는 엄마가 1순위로구나, 당연하지.

보슬비가 내리는 밤, 할머니가 창문을 열고 비 오는 것을 보면서 "비도 오는데 네 엄마는 왜 이리 늦게 온다냐."라고 하니까 저도 창문 밖을 바라보면서 할머니가 엄마를 야단칠 것으로 들렸는지 "할머니 엄마 오면 야단칠 거야."라고 하면서 "비가 와서 엄마가 천천히 오겠다." 라는 말에 할머니가 깜짝 놀랐다는 것이다. 엄마를 호위하고자 하는 봄이의 본마음이 아닌가 싶어서~.

할머니하고 놀면서 "할머니가 야단치면 이를 거야." "누구한테?" "할아버지한테." 이는 자연 방어력이며 할아버지는 변하지 않는 자기편이라고 생각하는 것이 아닌가?라는 생각이 든다. 2~3일 전에 집에 와 바나나 두 개를 맛있게 먹던 것이 생각나서 시내에서 들어오다가 바나나 좀 사줄까 싶어 봄이 엄마에게 전화를 해 봄이와 통화를 한다.

"봄아! 할아버지가 바나나 사줄까?"라고 사줄 것을 말하니까 "안 사주셔도 돼요."라는 것이다. 그 전에 슈퍼에 갔을 때 "할아버지는 돈이 없거든." 이라는 말을 혹 기억하고 있는 것은 아닌지? 어릴 때는 탐도 욕심도 많은 편인데. 우리 봄이는 가게에 가도 제가 좋아하는 것 한 가지면 족하고 배가 부르면 아무리 맛있는 것이 있어도 쳐다보지도 않는다.

네 살짜리가 한류전통 궁 미인 선발대회 지방 예선인 전주 대회에 출연하여 입상하고 서울 본선에 출연하여 꼬마공주 대상을 받았는데 친척들이 봄이는 끼가 있다면서 모두가 할아버지를 닮아서 끼가 있다고 하는데 듣기 싫은 말은 아니었다.

"안녕하세요. 저는 네 살, 윤 봄입니다. 저를 꼭 기억해 주세요. 감사합니다." 대회 출연 시 봄이의 자기소개 기본 멘트는 너무나 똑똑하게 들린다.

봄이는 순천 동부교회가 운영하는 어린이집을 다닌다. 네 살 때

우리 가정에 봄이 찾아왔다.
봄은 꽃을 피우고 벌, 나비를 부르며 온 가족에게 사랑과 행복을 선사한다.
9개월이 되니 뒤집고 곧잘 웃기도 하였다.
하루가 다르게 성정하는 모습에 활력소가 되었다.

아빠, 엄마와 함께 베트남 호이안 다낭에서 꽃속의 여인으로.
사랑의 표정을 짓고 있다. 네 살치고는 요염한 자태였다.
봄이는 전국노래자랑에 출연하여 인기상을 받았다.

봄이는 네살 때(2018) 한국전통 궁 미인선발대회에 참가하여 꼬마 공주로 선정되었다.
기본 멘트는 "저는 네 살 윤봄입니다. 저를 꼭 기억해 주세요."였다.
꼬마 공주로 선정된 봄이다. 할머니, 이모 할머니와 기념촬영 장면는 사랑반, 다섯 살 때는 기쁨반이라고 소개한다.

기도를 제법 한다, 교회를 오래 출석한 성도도 기도에는 부담을 갖는데 식사하기 전 "봄아, 기도 해야지 할아버지가 할까?"

"아니, 봄이가 할 거야." 아주 자신 있고 적극적이다.

"그래, 그럼 봄이가 해요."

"일용할 양식을 주셔서 감사합니다. 이 음식 먹고 부모님과 선생님 말씀 잘 듣고 친구들과 사이좋게 놀게 해 주세요." 또박또박 제법이다.

혹시 엄마가 눈을 뜨면 "엄마 기도하는데 눈을 뜨면 어떡해."라고 야단을 치는데 저도 눈을 뜨고 있었는지 누가 눈을 뜨고 있는지 확인한 것이, 어린이집에서 선생님이 하신 역할이 아닌가? 라는 생각이 들었다.

분명한 것은 적극적이라는 것, 자신 있다는 것이 예쁘다. 한번은 지점토로 만든 인형을 가지고 놀다가 인형 머리가 부러졌다. 뒤로 숨기면서 겸연쩍은 표정으로 "할아버지 미안해요" "왜? 봄아! 무엇이 미안해." "인형머리가 부러졌어요." 살짝 내놓는다. "봄아! 괜찮아. 할아버지가 붙이면 돼." 라고 했더니 금세 밝은 표정으로 "할아버지 고마워요. 사랑해요. 할아버지!" 봄이의 표정에 할아버지는 영원한 자기편이라는 것 같았다. 가정이나 직장생활에서 또 사회생활 속에서 우리 봄이가 곧잘 쓰는 "미안해요" "고마워요" "사랑해요"라는 말이 자주 등장하고 익숙하다면 사회는 더욱 따뜻하고 훈훈한 사회가 되지 않을까? 나는 봄이를 통하여 사회생활의 지혜를 얻을 수 있었다.

다섯 살이 되니까 요즘은 제법 칭찬을 익히는 것 같다. 원피스를 입은 할머니에게 "할머니 참 예쁘다." 텔레비전에 광고모델을 보면 "저 언니 참 예쁘다." "할머니 신발이 너무 예뻐요." "우리 기쁨반 선생님이 아주 예뻐요."

할아버지나 아빠 즉 남자보고는 예쁘다는 말을 하지 않는데 주로 여자를 보고 예쁘다는 말을 한다. "할머니와 엄마는 날씬해서 살을 빼지 않아도 되는데 할아버지와 아빠는 살을 빼야 한대요. 이것이 5살짜리의 비만진단이에요." 누가 시킨 것 같이 신기해서 "할아버지는 어디 살을 빼야 하는데?" 배를 가리키며 "여기요."라고 서슴없이 말하였다.

며칠 전 할머니와 봄이 아빠 그리고 봄이 이렇게 셋이 있는 데서 봄이 아빠가 할머니에게 이야기를 하면서 목소리가 컸던지(원래 소리가 큰 편) 봄이가 듣기에는 다툼으로 즉, 싸움으로 들렸는지(싸운 것이 아닌데) "아빠! 그만해요. 할아버지한테 이를 거야. 할머니한테 왜 그래!" 아빠를 흘겨보면서 "아빠는 멍멍이 할머니(외할머니를 부르는 봄이 칭호)한테는 안 그러면서 할머니한테는 왜 그래!"라고 하더라는 것이다.

5살짜리의 판결로는 명판결이었다. 다툼은 나쁘다는 생각과 할머니를 옹호하려는 그 마음이 어찌 그리 어여쁜지, 아빠가 할머니에게 큰 소리 하는 것은 안 된다는 생각은 어린 마음속에 옳고 그름과 선과 악의 정의가 자라나고 있구나 생각되어 대견하다 여겨졌다. 우리 사회 모든 구성원들이 봄이와 같은 생각으로 채워졌다면 정의롭고 자유로운 나라, 사람 사는 나라로 발전할 것인데 어린이들보다 못한 온갖 모습이 떠오르게 된다. 어제 보고 오늘 봐도 한 시간 전에 보고 또 봐도 앞으로 무한정으로 펼쳐질 아름다운 성장과 어여쁜 여정들이 한없이 궁금하여 지그시 미소 지어 보는 것도 큰 행복이다.

팔불출 할아버지의 간절한 소망일까?

봄은 왔는데, 기다리면서 기대하지 못했던 여름이 8년 만에 찾아왔다.

2023년 1월 26일 아침 9시 4분. 추위를 밀어내고 봄이의 동생이 태어났다. 우리나라 평균 출산율이 0.76명인데 우리 며느리는 2명을 출산했으니 진정한 애국자가 아닌가.

이름은 봄 다음이니 당연히 여름이라고 지었다.

은근히 가을, 겨울은 오지 않을까? 노욕이겠지….

내리사랑이라는 말과 같이 둘째공주는 기쁨이 두 배였다. 두꺼비같이 엉금엉금 기어 다니는 것이 싫다고 띄엄띄엄 걸어 다니며 할머니의 수행비서 노릇을 한다. 아빠, 엄마가 저를 데리러 오면 손바닥을 치며 반기는 것은 하늘이 가르쳐 준 훈육인가?

자고 일어나서 빙긋이 웃는 모습은 예쁜 꽃이 만개하여 웃는 듯 귀엽다. 할머니가 물만 마셔도 입맛을 다시며 손에 잡히는 것은 모두 입으로 향하는 것은 먹고 살고자 하는 본능적 자태인가?

TV에서 노래가 나오면 흥얼거리며 따라하는 모습에 박수치며 즐거워하시는 할머니의 힐링이었다.

어여쁘고 향기롭게 피어오르는 꽃송이는 탐스러운 열매로 영원무궁하리라.

봄이가 태어난 지 8년 만에 여름이 왔다.
백일 때와 첫돌이 된 여름이는 함박웃음 짓는 천사로 온 식구들을 즐겁게 한다.
여름이를 가장 사랑하는 사람은 봄이였다. 자매의 사랑은 영원하리라.

세상에서 가장 아름다운 날

— 꽃보다 어여쁜 여름공주님 첫돌 기념 축시

김천우(시인 · (사)세계문인협회 이사장)

여름공주님 탄생을
기념하는 뜻깊은 날

지상에 꽃이요
하늘의 은총을 받아
태어난 초롱초롱
사랑스러운 우리 여름이

겨울 속 봄의 요정
첫돌을 맞이하여
천상에서 점지해 준 선물 같은 여름공주님

별꽃 꽃별 같은
함박눈 하늘가에
퐁 퐁 퐁 내리네

우주에서 가장
지혜롭고 영롱한
여름이 탄생일

하늘에는 별이 살고
땅에는 꽃이 실고
우리들 곁에
천사의 눈망울 빛나는
여름이와 함께
알콩달콩 모여 살아요

윤 씨 가문의
축복이어라
보배롭고 영화로운
여름공주님
첫돌을 기념하여

날마다 밝고 창창한
행복한 웃음 속에서
건강하고 튼튼한
꿈나무로 자라서
세상을 아우르는
큰 인물이 되어

365일 만화방창
가족들 기도 속에
세세연년 사랑하는 이들을 위하여
몸도 마음도 건강한 천사의 날개 활짝 펼치소서

1월 26일 축복의 날
거룩한 사명자의 후손으로
태어난 윤여름, 그 이름
온누리에 빛날지어다

봄이 첫돌 축시

— 2016년 4월 17일 봄이 첫돌

반인자(시인 · 아동문학가)

추운 겨울 꽁꽁 언 땅을
영차영차 비집고 옹긋쫑긋
파릇파릇 새싹으로 올라온
봄이야!
바라보다를 줄이면 봄이야
하늘을 바라봄
먼 산을 바라봄
수평선을 바라봄
자연과 세상을 바라봄
힘차게 딛고 올라온 떡잎처럼
어둠을 밀치고 솟아오른 해님처럼
봄은 생명의 계절로
따스한 봄으로
씩씩한 봄으로
항상 푸른
고운 봄처럼
예쁘고 생기롭게 자라주렴
봄이야.

박공예 30년 속삭임, 감상의 장

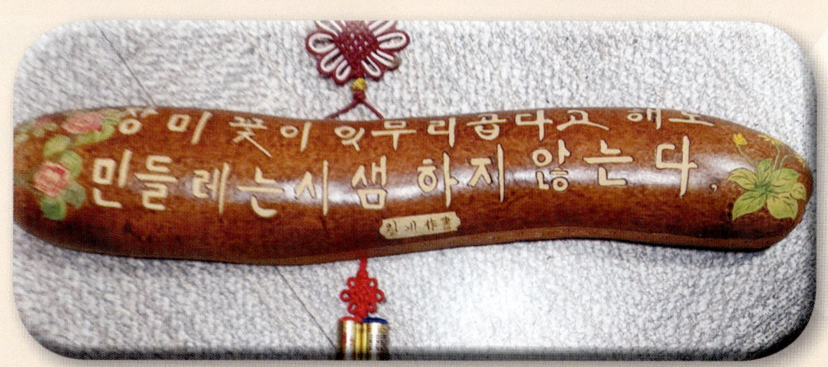

450여 점에서 일부만 선보입니다. 어머님께서 그토록 아끼시던 크고 깨끗한 박.
제 소유가 된 후 어머니의 풍정을 담고 싶은 마음에 망설이고 설렐 때, 박이 저에게 말해줍니다.
일본 작가들을 놀라게 했던 조선 통신사로 일본에 가서 그리신
연담 김명국 화백의 "달마도"를 담으라고.
정성껏 조각하면서 박에게 고마움이 들어 "그래 박아 고맙다"
꽃을 생각하면 소제 박춘문 화백의 장미와 민들레가 떠오릅니다.
저는 이렇게 30여 년 동안 박공예를 하면서
박과 속삭이며 무언의 대화로 옮겨온 친구들이었습니다.

희미하게 멀어져가는 우리 삶의 문화와 풍정들

어머님 말씀이, 네 동생 명숙 낳던 해(1951)년에 수확한 박인데 크고도 깨끗하여 쓰지 못하고 대청마루에 매달아 두셨다던 어머니께서 아끼시던 박. 어머니의 품정이 숨어있는 큰 박. 광이 39.7cm, 흠 없는 말박, 내 소유가 된 후 무엇을 담을까. 2년 여 동안 만지작거리며 서툴게 그렸다, 쓰기를 여러 번이었다. 한 짝은 그림, 한 짝은 글씨로 정하고 단원 김홍도 화백의 제자인 도화서 화원이던 혜원 신윤복 화백의 걸작 〈단오절〉을, 한 짝은 도연명의 대표적 〈귀거래사〉 글자 수 336자를 23일에 걸쳐 시름하며 완성하고 선을 보엿더니 보는 사람들마다 칭찬이었다. 박공예 30년 속삭임. 처녀작의 여정이 시작된 것이다.

옛날 이야기 텔레비전이나 핸드폰도 없던 시절에 할머니의 옛날 이야기는 방송 못지 않았다. 초롱불 밑에서 화롯가에 앉아 밤이 새도록 들어도 흥미진진하다. 추위도 아랑곳 않고 할머니 옛날 이야기에 취하여. 배우 같은 할머니의 손짓, 표정에 빠져드는 정겨운 풍경!

지게꾼 우 · 마차와 함께 유일한 운송수단이었던 지게꾼. 자기 몸무게의 3배까지도 가볍게 지고 다니는 지게는 우리네 운송수단의 원조이며 없어서는 아니 될 운송꾼이다. 다시 볼 수 없는 풍정이 더 그립다.

희미하게 멀어져가는 우리 삶의 문화와 풍정들

서당 갓 쓰신 훈장님 앞에서 수학하던 서당생. 훈장님 옆에는 체벌의 상징 회초리가 있다. 회초리가 훈육의 영약이었던 시절. 선생님의 그림자도 밟지 말라던 시대상. 오늘날 교권강화니 학생보호권 등으로 소란스런 사회를 볼 때 많이 변화된 세상에 와 있구나 하면서도 왠지 아쉬움이 남는다.
박 제공자 : 운산국악연구원 이낙훈 원장

맷돌 맷돌은 가정마다 없어서는 아니 되는 필수 용품이다. 각종 곡식을 곱세 분쇄하는 데 무거운 맷돌은 혼자서보다는 둘이서 힘을 합치는 것이 좋다. 맷돌을 통하여 고부간의 갈등을 해소되는 등, 맷돌은 화합의 상징이기도 하였다. 여의도 국회의사당에 여 · 야 화합, 협력상생을 위하여 맷돌을 상비했으면. 맷돌은 소중하고 지혜로운 우리 문화이다.
박 제공자 : 외서면의 서동호, 김영희 부부

모내기 풍경 70년대 초까지만 해도 모내기는 여성들의 몫이었다. 남자들은 쓰레질, 모판 나르기, 모줄 잡기와 비료 주기였고 심는 것은 여성들이 담당하던 시절, 여성들은 생리현상과 출산 등으로 허리가 약한 편인데도 무거운 역할을 맡았다. 지금은 찾아볼 수 없는 멀리 사라진 추억의 풍정!
박 제공자 : 순천조례종합사회복지관 신애란 관장

천렵 농사 짓기에 사소한 것도 천렵을 통해 해소하던 시절, 맑은 물에서 물고기를 잡아 안주 삼아 벗들과 나누는 술잔은 최고의 활력소가 된다. 자연이 준 최고의 선물이었다.
박 제공자: 미륵농원(아니면 미록) 김석수 사장

희미하게 멀어져가는 우리 삶의 문화와 풍정들

꽃상여. 장례문화 인간은 왔다 가는 나그네다. 사람이 세상을 떠나면 꽃상여를 태워 보내드리는 것이 우리들의 장례 문화였다. 명정과 만장을 앞세우고 위령장의 구슬픈 앞소리에 북망산천으로 가는 길에 명복을 빌었다. 찾아보기 어려워진 우리네 풍정들.
박 제공자 : 외서면 윤금석 씨

수수. 수확 수수는 거칠고 떫은 곡식이지만 인체 건강에는 유익한 약이기도 하다. 한약 이름으로 말촉이라 하는데 성질은 따뜻하며 속을 온화케 하고 내장을 이롭게 하며 곽란 증세 등 소화기능을 촉진하고 강화한다. 옛날에는 잡귀를 쫓는다는 설로 비손 행사에 필수품이기도 하였다.
박 제공자 : 고재현, 채정자 부부

공동 빨래터 맑게 흐르는 공동빨래터는 아낙네들의 만남의 장이요 지방방송국도 된다. 이웃 동네의 새 소식을 들을 수 있고 시어머니, 시누이의 흉도 마음 놓고 털어놓을 수 있다. 이 땅의 부정과 부패의 오물도 빨래처럼 깨끗이 빨 수 있다면 좋으련만.
박 제공자 : 외서면 이명순.

다듬이질 늦은 밤 저~ 멀리서 들려오는 다듬이질 소리는 구슬프기도 하고 정교하며 강약의 배합도 박자도 조화로와 최고의 멜로디다. 다듬이질은 화합과 단결의 큰 의미도 담고 있는 아름다운 우리 문화의 상징이다.

희미하게 멀어져가는 우리 삶의 문화와 풍정들

윷놀이 정월대보름 동네 사람들이 모두 모여 한 해의 길흉을 점치는 청백전 윷놀이를 한다.
윷가락을 던지는 사람, 말판 쓰는 사람, 징을 치며 흥을 돋우는 사람에 어린이들은 덩달아 신바람이 나서 즐거워하는 모습이 명절 분위기를 흠뻑 달아오르게 하고 있는 풍정!
박 제공자 : 아동동화작가 반인자 선생님

물레 할머니의 숙련된 손을 빌려 실을 뽑아 베틀에 올려 식구들의 각가지 옷을 지어주신 방직공장의 원조인 물레. 실을 뽑는 할머니의 손길에는 사랑과 헌신, 희생, 행복까지 듬뿍 담고 계시다.
박 제공자 : 김혜란, 혜선 자매

신사임당의 눈물 2009년 6월 20일, 고액 5만 원권이 출시되다. 물가는 치솟고 서민들의 생활은 곤핍한데 5만 원권의 출시로, 지폐에 새겨진 신사임당께서 서민들의 삶을 염려하며 눈물을 흘리시고 있다.

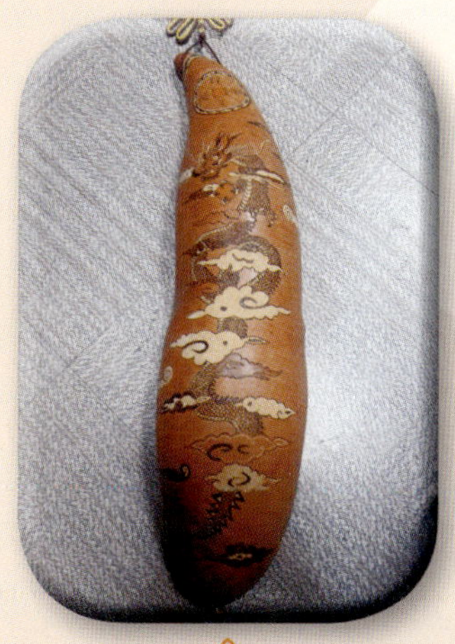

비용승천 특이하게 길고(75.5cm) 긴 박. 무엇을 담을까? 수일을 고심하다가 여의주를 물고 승천하는 상상의 돌물 용을 옮겨 보았다. 머리, 뿔, 발톱, 비늘 하나하나에 정교하게 인두로 새기다 보니, 무려 18일을 소요하여 완성하였다.
박 제공자 : 순천성일가스 사장 이영모 씨, 수십 점의 박을 제공하셨다.

희미하게 멀어져가는 우리 삶의 문화와 풍정들

五柳先生傳 총 169자를 6일 동안 속삭이며 박공예의 원형대로 검정 부분은 인두로 태우고 흰 부분은 표피를 깎아서 제작. 큰 박으로 가로 34.6cm이며 60년이 넘은 고령박이다.
박 제공자 : 국전서예부문특선작가 이정원 친구

전통 혼례식 혼례식 전에 신랑 얼굴을 한 번도 제대로 보지 못하고, 신랑을 처음 만나게 되는 신부는 얼마나 궁금했을까? 신부의 마음은 몹시 설렐 것이다. 서로 맞절을 하고 합환주를 마시며 백년해로를 약속하는 전통 혼례식은 민속촌에나 가야 구경할 수 있는 잊혀져가는 우리 혼례 문화이다.
박 제공자 : 윤명숙(서울)

호돌이 88서울올림픽 마스코트. 대한민국에서 최초로 개최한 세계 체육의 대 축제. 오늘도 호돌이는 올림픽을 기억하게 해주는 친구이다. 기념으로 박공예로 옮겨 기억하고 속삭이고 있다.
박 제공자 : 충청도 형수님

삶(지구) 희귀하게 생긴 박. 둥근 지구 안에 인간의 삶을 연상해 보았다. 삶의 근본은 사랑과 칭찬이라고 새기며 실천하는 삶을 다짐하는 계기가 되었다.
박 제공자 : 외서면 서동호, 김영희

희미하게 멀어져가는 우리 삶의 문화와 풍정들

시간은 교만한 자들을 굴복시키기 위하여 쉼 없이 흐르고 있다. 나이가 들고 경륜을 쌓으면 벼 이삭이 고개 숙이듯 겸양의 미덕을 발휘해야 한다. 한국 정치인들에게 각인시켰으면.
박 제공자 : 오광운 사장

가마 구경 혼례철이 되면 가마 구경하는 것이 어린이들에게는 즐거움의 하나였다. 신부는 못 보아도 축하라도 해주듯 마냥 흥미로웠던 시절!
박 제공자 : 괴산 윤민숙

대장간의 풍정 단단한 쇳덩어리를 불에 녹여 망치 한 개로 좌우상하를 두들겨 낫, 칼, 호미, 괭이, 쇠시랑, 삽 등 못 만드는 것이 없는 요술도깨비와 같은 대장간의 할아버지는 기교를 넘나든다. 신비롭기만 했던 대장간의 문화도 초라한 모습으로 역사 속 추억으로 사라져간다. 아쉬운 우리네 대장간 문화이다.
박 제공자: 증거장막성전 허정심 전도사

길쌈 베, 모시, 명주, 무명 등 모든 실을 기려 곱게 감싸 옷감을 짜기 위해 베틀에 얹는다. 주부들의 손이 방직공장의 원조였던 우리 아름다운 문화! 지금은 손으로 무릎에 비벼서 고루는 방법은 찾아볼 수 없는 사라진 문화이다.

희미하게 멀어져가는 우리 삶의 문화와 풍정들

돗자리 허리 굽으신 할아버지는 종일 아니, 일주일, 한 달 동안 돗자리를 짜신다. 집이나 왕골, 접대 등으로 짠 돗자리는 여름철 마당에 깔고 온 식구들이 더위를 식히며 가마솥에 한 솥 끓여놓은 칼국수, 수제비를 먹을 때 유용하게 쓰인다. 할머니, 아버지, 어머니, 그리고 팔남매 모두. 열한 식구가 가마솥을 비운다. 돗자리는 귀한 존재의 방석 문화였다.
박 제공자 : 강선경 선생님

어부의 하루결산 새벽부터 종일 배 위에서 잡아 올린 고기를 바구니에 담는다. 해는 지고 돌아갈 시간이 되니 얼마나 잡았는가? 밥값은 했나? 식구들 봉양은 가능한가를 결산한다. 어부들은 계절에 관계없이 손도 발도 마음도 꽁꽁 얼어있다. 후쿠시마 원전 폐기수 방류는 태평양까지 얼어붙게 하고 있다.

국치(國恥)와 민족의 혼

1충(忠) 5적(敵) 1905년 11.8 덕수궁 중명원 대신회의에서 침탈의 원흉 이토오와 매국 5적이 일본군과 야포와 기관총의 봉쇄 속에 "통감정치" "외교권 박탈" "보호국화"라는 허울뿐인 보호조약을 강제적으로 체결함으로 치욕의 역사는 시작된다. 참전 대신 한규설만이 끝까지 반대하였으나 의무대신 박제술, 내무 이지용, 학부 이완용, 군부 이상택, 농상 권중헌 아들 5적이 조국과 국민을 일본에 넘겨준 꼴이 되었다.
박 제공자 : 부천 녹경, 영순

침탈자 일본은 1910년 8월 29일 경복궁 근정전에 걸린 태극기를 내리고 침략자의 상징인 일장기를 걸어 놓았다. 빼앗긴 조국의 자유와 평화, 인권을 되찾기 위하여 전국 방방곡곡에서 독립운동이 들불처럼 일어나 강산을 불태웠다.
박 제공자 : 고흥군 도화면의 정소심 씨

하얼삔 역두의 총성 1909년 10월 26일. 오전 9시 30분. 만주 하얼삔역에서 한국의 아들 안중근 의사가 총탄 심판을 하였다. 안중근 의사는 현장에서 일본 헌병에게 체포 되시어 뤼순 감옥에서 온갖 옥고를 당하시고 1910년 3월 16일. 조국의 해방도 보지 못하시고 장열하게 순국하셨다. 그 희생은 삼천리 강토에서 독립운동의 불길이 되어 꺼지지 않고 타오르게 되었다.
박 제공자 : 순천장애인사랑봉사대 김동철 대장

천안 아오네 장터 젊은 여학생 유관순 열사는 천안 아오네 장터에서 태극기를 나누어 주고 독립만세를 불렀다. "왕조는 사라져도 백성은 죽지 않는다." 일본 헌병에 피체되어 7년형을 선고 받고 갖은 옥고와 악형에 17세 꽃다운 나이에 조국의 독립도 보지 못하고 순국하셨다.
박 제공자 : 대전 김영심 천사님

국치(國恥)와 민족의 혼

홍구 공원의 폭탄세례 1932년 4월 29일. 상해 홍구공원에서 일본 천황 생일 축하 기념식장 본부석에 민족의 아들 윤봉길 의사가 정의의 폭탄을 투척하여 단장과 사령관 일본군 지휘군들에게 폭탄 세례로 심판 하였다. 폭탄은 중국군 병창공에 근무하시던 김홍일 장군이 특수제작한 물병형 특수 폭탄이었다. 현장에서 체포되시어 갖은 고문과 옥고 끝에 25세의 꽃다운 나이에 조국을 위하여 순국하시다.
박 제공자 : 지체장애인협회 박효인

월계관도 빼앗긴 슬픔 1936년 8월 9일 베를린 올림픽 마라톤에서 대한의 건아 손기정 선수가 1위, 남승룡 선수가 3위를 차지하였다. 42,195km를 2시간 29분 19초 2로 세계 신기록이었으나, 환호하는 박수에 그저 고개만 떨구었다. 가슴에 달고 있는 일장기가 부끄러울 뿐이다. 시상대에서 일본국가가 울릴 때 마음 속으로는 분명 애국가를 불렀을 것이다. 일본이 한없이 원망스러웠을 것이다.

피겨의 세계여왕 "연아" 2009~2010 시즌 트로피에릭봉파르에서 피겨 사상 최고점인 210.03을 획득하여 세계 피겨여왕으로 등극하였다. 연아의 몸짓, 동작 하나하나에 세계는 물론 대한민국은 환호했고 우리 모두는 행복감에 젖어 있었다.

벤쿠버 동계올림픽에서 자랑스런 대한의 아들, 딸들이 국민들을 한없이 기쁘게 했다. 금빛 찬란한 금메달을 손에 들고 국민들에게 보고하던 우리의 아들, 딸들의 자랑스런 모습. 김연아, 이상화의 모습이 이뻐 보인다.
박 제공자 : 남순천라이온스클럽 김규호, 양정심 부부

해방 후 한국정치사의 여정

1945년 8월 15일. 식민지 약탈의 36년 치욕에서 해방 되었다. 남산에 최초로 태극기가 게양되었다. 초대 대통령에 이승만 박사는 친일잔재를 청산하지 못하고 동족상생 6 · 25의 역경을 겪고 정전 협정은 민족분단을 가져왔다. 4사 5입 개헌과 3 · 15 부정선거에 4 · 19의 젊은 피로 첫 번째 국정중단이 되었다. 자유대한민국에 민주주의의 꽃이 피는가 기대했는데…
박 제공자 : 순천시청 복지과장 및 직원들

1961년 5월 16일 육군소장 박정희 장군의 주도로 군부 쿠데타를 일으켜 민주주의의 자생력은 약화되고 체육관 선거, 유신헌법 등을 통해 장기집권을 꿈꾸며 새마을운동 일본에 청구권을 통해 국가재건을 이루고자 하였으나, 부마 사태 등에 의하여 1979년 10월 26일 중정 부장의 총탄에 18년 5개월의 군부정권은 종식되었다.
박 제공자 : 청암대학 정종식 부학장

조용한 아침의 나라 대한민국에 민주주의의 봄은 오는가? 하였건만 1979년 12월 12일 전두환 보안사령관에 의하여 군사정권이 민주주의의 꽃을 꺾어버렸다. 5 · 18 민주항쟁을 총칼로 짓밟아버리고 정치 정화를 빌미로 온갖 부정과 악행으로 7년 암흑 속에 영달을 누리고, 수많은 민주인사, 학생들에게 고통을 안겨주고 군부 독재 정권을 자행, 역사의 독재자가 되었다.

퇴임 후 안일을 위하여 전두환은 노태우 후보를 지명하고 민주적 요구에 굴복하여 6 · 29선언 25년 만에 체육관 선거를 종식하고 직선제를 선택했으나, 북풍 등을 이용하여 당선되었고, 재임 중 통치자금 5천억을 조성하는 등 온갖 부정으로 1995년 11월 16일 구치소에 영어의 몸으로 수감되었다. 참다운 역사란? 권력자의 손으로 엮는 것이 아니라 국민과 함께 만드는 진실이 참역사임을.
박 제공자 : 멀리 충청도에서. 윤준규와 형제들이 보내준 박 20여 통.

해방 후 한국정치사의 여정

지긋한 군부 독재 정권 30년을 종식하고 민주의 기틀은 되었으나, 정치적 야합인 3당 합당으로 국민 적합도 1위인 김영삼 대통령이 당선되다. 30년 만에 문민정부가 탄생하였다. 국가 재정이 바닥난 채, IMF라는 국가 부도 사태를 막지 못하고 모든 기업과 국민의 삶은 고통 속에 빠졌다. 대통령 친.인척 비리로 국민들의 마음에 큰 상처를 남긴 문민 정부였다.
박 제공자 : 오하근 도의원

헌정사상 50년 만에 평화적인 정권교체가 이룩되어 국민의 정부, 김대중 대통령이 당선되었다. 국가 부도 사태를 막기 위하여 각종 규제를 해제하고 민영화 국민 금 모으기 등으로 면하게 되었으나, 2000년 6 · 13 분단 후 최초로 남북 정상회담을 평양에서 개최하여 민족의 염원을 위해 사선을 넘었다. 한국 최초로 노벨 평화상을 수상하였으나, 아들 등에 대한 불법 행위는 한국정치의 고질적인 병폐가 되었다.
박 제공자 : 장재현 사장

제 16대 대통령에 청문회스타 보통 사람 노무현을 선택하였다. 2007년 10월 4일. 2차 남북 정상회담을 개최하였다. 보통 사람 노무현 대통령은 사법개혁 등으로 마찰이 있었고 주택문제, 언론과의 관계 개선에 만족하지 못하고 퇴임하여 고향 봉화마을로 귀향하였으나, 재임 중 부정사건은 강하게 압박하여 부엉이 바위를 택하는 가슴 아픈 일생으로 종결되었다.
박 제공자 : 동창생 유윤기 회장.

잃어버린 10년을 되찾기 위하여 빌공자 공약인 7. 4. 7. 공약에 기대한 국민들은 이명박 대통령을 선택했다. 선거 전부터 BBK사건 취임 후 고.소.영 오렌지 인사 등, 4대강운하, 소고기 수입, 부자감세, 언론악법, 자원외교, 방산비리, 남북교착상태 등 원래의 기대에 어긋나고 남대문이 흔적 없이 타버리고 천안함 폭침사건 국민의 기대를 저버린 국정으로 아쉬움만 남겼다.
박 제공자 : 순천장애인사랑봉사대 양동선 대장

해방 후 한국정치사의 여정

해방 후 최초로 여성대통령이 탄생하였다. 선거 전부터 독재자의 딸이라는 외신들의 부정여론에도 수십 만건의 댓글을 국정원과 군 사이버에서 자행되었다. MLA포기 발언 등 네거티브 선거로 정통성 시비가 도마로 오르더니 비선실세의 국정 농단 사태 블랙 리스트 등 18개 죄목으로 촛불문화혁명이 일어났고 헌정상 첫 번째 탄핵 대통령, 헌정중단 두 번째 대통령, 세 번째 구속 대통령이 되었다. 역사의 심판, 민주주의의 심판은 준엄함을 역사에 기록하게 되는 불명예 대통령이 되었다.

대한민국의 촛불문화 혁명은 사람 사는 세상! 원칙과 상식이 통하는 세상! 부정 부패 없는 나라!를 부르짖는 19대 대통령에 문재인을 선택했다. 국정농단 적폐청산과 한반도 비핵화 평화 정착을 위한 남북 정상회담개최(2018. 4. 27. 판문점) 계속되는 경제 불황, 공직자 인사 미흡, 남북 간 평화행진 미진, 일본의 경제 보복 만행, 주택문제, 조국 사태 등에 대한 미흡한 대처 가운데 중국발 신종 코로나19로 재난을 겪었다. 지지율 40%를 유지 하였으나, 정권교체의 열망은 꺾지 못했다.

박 제공자 : 보령시 청소면 박영임, 윤화자 부부

명인 명창의 문화 흔적

한국판소리 동편제 가왕의 후예 국창 송만갑 선생의 소리세계. 가왕 할아버지와 아버지의 뒤를 이어 국창으로 어전광대가 되어 한국판소리의 동편제의 맥을 이어오며 판소리 발전의 뿌리가 되었다. 그의 소리세계는 한국판소리의 미래비전이 되었다.
박 제공자 : 장은영

19세에 가야금 병창의 명인 오태석 선생에게 발탁되어 한국의 가야금 병창에 획기적 발전을 가져온 가야금 병창의 명인 박귀희 선생. 수많은 후진을 양성하고 국위선양을 하셨다. 님의 흔적은 무궁하였다.
박 제공자 : 서복례씨 가정에서

동편제를 전수받아 당대의 명창으로 특히 창극의 대부로 후진을 양성하고 춘향전의 사설을 현실적 감각으로 재편성한 김연수 명창.
박 제공자 : 고흥군 풍양면. 죽시식당 류정태 사장

만정 김소희 명창은 한국 여성 판소리의 자존심으로 불리우며 판소리계를 화려하게 장식하셨으며, 빛나는 활동으로 국위를 선양하셨다. 온고지신의 명창이셨다.
박 제공자 : 고흥타임즈 신금식 회장

명인 명창의 문화 흔적

임방울(본명 승근) 명창은 천년에 나올까 말까 하는 방울같이 구르는 목청으로 판소리의 멜로디를 유감없이 발휘한 희귀의 명창으로 각광을 받았다. 광주시에서 임방울 추모 명창대회로 그의 소리세계를 재현하고 있다.

박 제공자 : 곡성군 이광일 시장

미산 박초월 명창은 한국 판소리의 어머니로 후진 양성에 사재를 바쳤고 당대 구음의 대가로 소리세계를 주름잡아 듣는 마음을 흔들었으며 귀를 즐겁게 하는 최고의 명창이다.

박 제공자 : 보령시 윤연숙

2024년을 맞이하여 접시에 탁상용 달력을 만들어 보았다. 달력의 주제는 올해의 국정 과제 중 하나인 "출산이 애국이다" "출산 장려로 국가 경쟁력을 강화하자"로 정하고 박공예, 나무판인두공예의 기법으로 제작해 보았다.

박길이가 65cm로 기대를 가지고 가마솥에 삶았더니 박이 덜 여물었는지 뜨거워서 그랬는지 꽈배기 모양으로 배배 틀어졌다. 고민하다가 못난 박에는 사랑을 심자 하고 성경 고린도전서 13장 〈사랑장〉 1절부터 13절까지 517자를 깨알같이 새겨보았다. 밑받침에 181자를 담아 못난 박에 총 698자를 새겨 담았다. 698자 모두가 사랑을 노래한 귀한 말씀이었다. 보는 사람마다 사랑의 괴물이라고들 한다.

申氏本草學을 편찬하신 紹松 申佶求(신길구) 선생님께서 東醫寶鑑 번역본을 감수하시고, 허준 선생을 찬양하시고 후학들에게 잠언으로 남겨주신 주옥같은 名言을 옮겨봅니다.

오~ 聖스러운 龜岩先生이시여! 刻苦勉勵로 그 넓은 자비심으로 衆生을 濟度하셨도다. 그 名聲에 中外에 떨쳤고 그 恩惠 천지가 입었도다. 古今醫論을 절충하여 東醫寶鑑을 力篇하셨으니 백성이 同躋壽城恩澤을 입었도다. 아~아름다운 그 名聲 萬歲에 떨치리라.

무릇 醫藥人의 일생은 群書를 博覽하고 陰陽을 洞曉하며 藥性의 溫凉을 判辨하여 치료에 補瀉를 구분해서 쓸 것이며 항상 마음에 어질고 의로움을 지녀야 한다.

道德과 學藝에 精通하며 運氣를 잘 살피고 脈 으로 表裏를 分揀하여야 한다. 病의 虛實을 살펴 證에 맞게 應病與藥하는 妙法이 늘 心中에 있어야 한다. 실속없는 명성을 퍼뜨리지 말 것이며 그 功勞를 꾀하지 말고 富貴를 論하지 말라. 증세에 맞게 投濟함에 活用變通하여 막힘이 없어야 하고 오직 博施濟衆만을 期 해야 한다. 그 利益만을 꾀하지 말고 한결같은 良方을 바르게 施藥하면 起死回生하리라

1971년 5월 紹松 申佶求

고려의 척지공신 문숙공 윤관 행영대원수 추모의 글

고구려의 옛 강토를 회복하여 고려대제국을 건설하고자 30만 대군을 이끌고 두만강을 건너 7백 리를 달려 여진족을 징벌하고 9성을 함락하여 선출령에 고려경계비를 세우신 우리 역사상 전무후무한 고려의 명장 윤관 장군이 추모비문의 한 많은 사연

갈라전(曷懶甸) 눈 얼음 박차고 삼군병마를 몰아치던 날
고각소리 구름 찢고 오색깃발이 바람에 얼어도
영웅의 불타는 정열에 강산은 되레 훈훈했네
두만강을 건너 칠백리를 달려 선출령 아래 큰 碑 세워
여기까지가 고려땅이라 굵은 글자로 새기시고서
팔들고 크게 외치시던 님 그 모습 지금 한번 보고 싶구려
동,북 몇 고을 귀해서리까 대륙 되찾을 발판이었소
땅조각 잃은 게 분함 아니라 역사 죽은 게 痛憤해서요
세월은 구백 년이나 흘러도 님의 情恨은 달랠 길 없소
이 무덤에 몸을 끼쳐서 魂이사 九城에 가 계시오리
오늘은 붓을 쥐고 님의 묘비에 글을 쓰오나
뒷날엔 막대를 던져 북녘구름을 헤치오리다.

1966년 10월

전주후인 노산 이은상 지어 바침

문학세계대표작가선 • 1017

수필과 박공예의 속삭임

월계 윤기중 수필집

인쇄 1판 1쇄 2024년 5월 3일
발행 1판 1쇄 2024년 5월 10일

지 은 이 : 윤기중
펴 낸 이 : 김천우
펴 낸 곳 : 문학세계 출판부 / 도서출판 천우
등 록 : 1992. 2. 15. 제1-1307호
주 소 : 서울시 광진구 구의강변로 85 강우빌딩 7F
전 화 : 02)2298-7661
팩 스 : 02)2298-7665
http://cafe.naver.com/chunwu777
E-mail : cw7661@naver.com

값 20,000원

ISBN 978-89-7954-928-7